Meurtre rituel juif

Arnold Leese

©2017 par Valérie Devon
Imprimé et Publié par Valérie Devon

Tous les droits sont réservés.
Ce livre ou une partie de celui-ci ne peut être reproduit
ou utilisé de quelque manière que ce soit
sans l'autorisation écrite expresse de l'éditeur,
à l'exception de l'utilisation de courtes citations
dans une revue de livres ou un journal scientifique.

Contact information : didi3486@gmail.com

Arnold Spencer Leese (1878 - 1956)

Arnold Leese était la parfaite mouche du coche sur le dos de l'establishment britannique. En raison de son insistance pour que la Grande-Bretagne ne s'engage pas dans une guerre avec l'Allemagne et ainsi sauver des millions de vies et par la même occasion l'Empire britannique, allant donc contre la volonté des juifs, il fut emprisonné sans inculpation ni procès en vertu du Règlement. 18b. L'un des grands faits cachés concernant la Deuxième Guerre mondiale est que les pouvoirs "démocratiques" ("Alliés") ont, de façon similaire à celle des puissances de l' "Axe", emprisonné les opposants politiques. Alors, quelle est la différence ?

"*Cui bono, cui Bono...*"

Révélations d'un Goy-averti

Meurtre rituel juif

par

Arnold S. Leese

Londres 1938

Traduit par
Valérie Devon

" D'âme ils n'avaient point, ni lignée,
  Ni esprit, ni chef,
  Ni artisanat, ni lettre,
  Ni même une étincelle de Dieu. "

"Vous avez pour père le diable, et vous voulez accomplir les désirs de votre père. Il a été meurtrier dès le commencement... " (St Jean 8:44)

"Pour enlever au crime politique son auréole de bravoure nous placerons ceux qui l'auront commis au rang des autres criminels ; ils iront de pair avec les voleurs, les assassins et autres malfaiteurs du même genre odieux. L'opinion publique ne fera plus alors de différence entre les crimes politiques et les crimes vulgaires et les chargera d'égal opprobre." (Protocole 19, *Protocole des Sages de Sion*)

"Si je tente de tuer un rat avec un bâton et que je le tienne dans un coin, je ne suis pas indigné s'il essaie de me mordre et qu'il crie et qu'il baragouine. Ma tâche consiste à ne pas me fâcher, mais à garder mon sang froid, afin de soigner mon jeu de jambes et à continuer de le frapper là où ce sera le plus efficace." (Arnold S. Leese, s'exprimant à la réception à son retour de prison le 17 février 1937.)

Table des matières

INTRODUCTION	1
Chapitre 1	
Sacrifice humain, une tradition sémitique	5
Chapitre 2	
L'inclination raciale	7
Chapitre 3	
Sacrifice humain et religion juive	11
Chapitre 4	
Motif et nature du meurtre rituel juif	15
Chapitre 5	
"Une relique des temps de la sorcellerie et de la magie noire"	17
Chapitre 6	
"Cela ne pourrait pas arriver aujourd'hui"	19
Chapitre 7	
Le meurtre rituel juif en Angleterre avant l'Expulsion de 1290	24

Chapitre 8
Cas bien authentifiés au début du Moyen Âge 30
Chapitre 9
Cas bien authentifiés aux 17ème et 18ème siècles 39
Chapitre 10
Cas bien authentifiés au 19ème siècle 41
Chapitre 11
Cas bien authentifiés au siècle présent 54
Chapitre 12
La défense juive 59
Chapitre 13
Témoignages de juifs convertis 65
Chapitre 14
Cas confirmés par les autorités constituées 70
Chapitre 15
L'attitude de l'Église catholique concernant le meurtre rituel juif .. 73
Chapitre 16
L'attitude de l'Église protestante concernant le meurtre rituel juif 80
Chapitre 17
Autres cas dignes de foi 83
Chapitre 18
Deux évènements étranges 86

Chapitre 19
Qu'en est-il de ceux-là ?... 88
Chapitre 20
Réflexions impertinentes... 91
Bibliographie des travaux soutenant l'accusation de sang............... 93

Meurtre rituel juif – Arnold S. Leese

Révélations d'un Goy-averti

INTRODUCTION

Le 15 juillet 1936, le député, M. Oliver Locker-Lampson, un ami d'enfance de la famille Rothschild, a demandé à la Chambre des communes si le procureur général proposait d'intenter une action en justice contre les auteurs ou les éditeurs de *The Fascist*, la livraison de ce journal pour juillet contenant des allégations contre les juifs sur la pratique du meurtre rituel. Le procureur général a répondu que la question était à l'étude.

Le résultat final de cette "étude", fut ma condamnation, le 21 septembre 1936, à six mois d'emprisonnement parmi les criminels, le juge dans cette affaire étant un Maçon du 31ème degré du rite écossais. Mais il est important de noter que la sentence a été obtenue, pas seulement sur la question du meurtre rituel, qui n'a pas été invoquée par l'accusation dans le but de me faire taire, mais sur l'ensemble du contenu du *Fasciste* de juillet, et en particulier sur les mots utilisés par moi en ce qui concerne le traitement des juifs.

En vertu de la loi sur la diffamation, la *vérité* de mes déclarations sur le meurtre rituel ne pouvait pas être utilisée comme argument à ma défense ; il fut jugé suffisant, en vertu de la loi, que les déclarations avaient été écrites et qu'elles "rendaient les sujets de Sa Majesté de confession juive passibles de suspicion, d'insultes et de boycott", ce qui équivalait à un méfait public.

Je m'étais présenté à la Cour très préparé, si la vérité de mes déclarations était contestée, pour justifier les déclarations que j'avais faites dans *The Fascist*, et j'étais même prêt à exiger que "Rex", le procureur, produise *Rotuli litterarum patentium* du service national des archives où le meurtre rituel juif est enregistré comme un fait établi dans ce pays ! Mais le juge m'a interdit d'utiliser cette ligne de défense ; peu importait qui d'autre avait accusé les juifs de meurtre rituel, ou à quelle fréquence, ou quels faits historiques l'avaient prouvé, ou combien de sentences il y avait eu sous l'autorité juridique proprement dite ; ainsi, lorsque j'ai demandé à l'inspecteur Kitchener, le seul témoin qui ait comparu contre moi : "Lorsque vous avez présenté cette affaire, avez-vous l'impression que le meurtre rituel était une chose du passé ?" Et il a répondu "Oui", le juge est intervenu avec la remarque "Je dois à nouveau souligner *que la véracité d'un [écrit] diffamatoire n'est pas une défense*".

Encore une fois, le procureur général, qui agissait en avocat de la poursuite, a interrompu une autre de mes questions au même témoin, par la remarque : "Selon moi, *il est bien établi que le défendeur n'est en aucun cas autorisé à prouver la vérité d'une diffamation séditieuse* comme justification pour l'avoir publié". Le juge a ensuite dit : "*C'est la loi telle que je la comprends.*" Il m'a clairement indiqué que poursuivre une telle ligne de défense serait un outrage au tribunal, car la "vérité" de la "diffamation" n'était "pas pertinente" à la question du procès ! Telle est peut-être la loi, mais ce n'est pas la justice !

La vérité sur le meurtre rituel était bien la dernière chose que voulait la main cachée judéo-maçonnique !

Depuis ma sortie de prison le 6 février 1937 j'ai été, jusqu'à récemment, trop occupé pour écrire sur le sujet du meurtre rituel ; mais en constatant qu'il y a, même parmi les travailleurs anti-juifs, des personnes qui, n'ayant jamais étudié la question pour elles-mêmes, imaginent encore que le meurtre rituel juif non seulement n'a pas existé et n'existe pas, mais est une fiction inventée par des anti-juifs fous fanatiques et, en tant que tels, exploitée par moi dans ma campagne contre les juifs, il devient nécessaire pour moi de prendre des mesures pour défendre ma propre réputation d'homme de bonne foi en compilant et en publiant ce livre.

Ce que la procédure judiciaire m'a empêché de faire dans ma propre défense, je le fais maintenant dans ces pages, et je n'ai aucune inquiétude quant aux conclusions auxquelles mes lecteurs parviendront sur cette question.

Le pouvoir de l'argent juif, qui contrôle ce pays ainsi que la plupart des autres, a pris toutes les mesures possibles pour systématiquement dissimuler le sujet du meurtre rituel. Pour la bonne raison que le meurtre rituel est la dynamite qui a finalement balayé le juif hors d'Angleterre en 1290, hors d'Espagne en 1492, et hors d'Allemagne à notre époque. Les juifs le savent ; et je le sais aussi !

Mais il n'y a pas de loi britannique et aucun 11ème commandement, ce qui fait du meurtre rituel par les juifs un sujet interdit dans ce pays. Le livre de Sir Richard Burton à ce sujet a été publié peu de temps après sa mort vers la fin du siècle dernier ; le livre de Strack, défendant les juifs contre cette accusation, fut traduit et publié en Angleterre en 1909 ; tandis que le juif, C. Roth, a publié son livre, *Ritual Murder Libel and the Jew* en 1935. En France, comme en Allemagne, la liberté de parole existe sur le sujet.

Je conteste et défie le pouvoir judéo-maçonnique qui régit ce pays en publiant le présent ouvrage en 1938 non seulement pour ma propre défense, mais dans l'intérêt public pour stopper les atteintes à la liberté d'expression qui se développent rapidement partout où des critiques de la conduite passée ou présente des juifs est concernée, atteintes qui comptent pour y parvenir sur l'accusation ridicule qu'une rupture de la paix est probable si la vérité à leur sujet est dite ! Je le fais afin que les juifs ne puissent pas simplement échapper par le pouvoir de l'argent et de la maçonnerie au fardeau d'une charge qui, à mon avis, a été prouvée contre certains d'entre eux à travers les âges. Mon but est, et a toujours été, malgré ce que mon juge maçonnique a à dire à ce sujet, de modifier "une question d'État établie", à savoir l'égalité du statut des juifs dans ce pays avec les Britanniques, une condition qui met en péril notre civilisation, et d'éclairer le public sur leur vraie nature en tant qu'êtres ayant des instincts totalement incompatibles avec les nôtres, afin qu'ils puissent être envoyés, légalement et pacifiquement, vers un foyer national dans lequel ils seront obligés de vivre ensemble. Dans cet objectif, je continue avec le plus grand des rois anglais, Édouard I, qui a expulsé les juifs de ces rivages en 1290.

Le maintien de la liberté d'expression exige que le meurtre rituel juif soit un sujet de discussion ouverte, comme le Sati, le Thuggee et les sacrifices des Aztèques du Mexique, qui étaient tous des meurtres rituels qui, comme la variante juive, seraient pratiqués aujourd'hui si les Aryens n'étaient pas intervenus pour les empêcher. Si le monde pense que je n'ai pas, dans ce livre, prouvé mon affaire, laissez-le rire ! Je peux le supporter ! Mais les juifs le peuvent-ils ? Le *Jewish Chronicle* (25 septembre 1936) se plaignait après la fin de mon procès, qu'il n'y avait eu aucune possibilité pour les juifs de réfuter la charge de meurtre rituel. Eh bien, ils en ont une à présent !

ARNOLD LEESE.
1er mars 1938.

En compilant ce travail, j'ai reçu l'aide la plus précieuse de certains membres de la Ligue impériale des fascistes, qui ne demandent aucun remerciement pour cette aide. Je voudrais remercier pour les conseils que j'ai reçus en lettres privées de M. G. de Bristol et de l'œuvre *Le crime rituel chez les juifs*, par M. A. Monniot ; également à partir des articles contenus dans le journal de M. [Adrien] Arcan aujourd'hui obsolète, *Le Miroir*, de Montréal.

Pour un compte rendu complet du procès de 1936 d'Arnold Leese sur six accusations trompeuses de "diffamation" contre les juifs, voir *The Fascist* de septembre 1936 et mai 1937, disponibles auprès de l'Imperial Fascist League, 30, Craven Street, WC2.

Chapitre 1

Sacrifice humain, une tradition sémitique

IL est incontestable que les anciens "sémites" manifestaient une tendance particulière à la pratique des sacrifices sanglants à leurs dieux. L'histoire juive d'Abraham à qui Yahvé ordonna qu'en offrande il tue avec un couteau son premier-né, Isaac, est typique. Plus typique encore est l'idée sémitique que son dieu exigerait qu'un tel meurtre soit commis.

Dans *Excavations at Gezer*, R. A. S. Macalister nous dit que les corps de jeunes enfants sacrifiés se trouvaient dans toutes les strates sémitiques ; ce travail décrit les restes de ces victimes dont les images sont données.

Isaïe accuse les juifs de "s'enflammer avec des idoles sous chaque arbre vert, massacrant les enfants dans les vallées sous les fissures des roches" (Lévitique 7:5). Il existe de nombreuses autres références à l'Ancien Testament de la pratique consistant à sacrifier des enfants à Moloch.

Le révérend J. Kitto dans la *Cyclopedia of Biblical Literature*, 1895, dit, "leurs autels fument avec le sang humain depuis l'époque d'Abraham jusqu'à la chute des royaumes de Juda et d'Israël".

G. A. Dorsey écrit dans *Civilisation* (Hamish Hamilton) : "Historiquement, leur temple à Jérusalem, comme un temple hindou ou aztèque, était un capharnaüm, un sacrifice après l'autre."

The Jewish Encyclopedia (1904, vol. VIII, p. 653) dit : "Le fait, par conséquent, maintenant généralement accepté par les érudits critiques, est que, dans les derniers jours du royaume, des sacrifices humains ont été offerts à Yhwh en tant que roi ou conseiller de la Nation et que les Prophètes l'ont désapprouvé..."

Jésus lui-même parlant aux Pharisiens (Saint-Jean, 8:44) les accuse d'être des meurtriers héréditaires, terme qui ne peut avoir d'autre sens que meurtriers rituels. "Vous avez pour père le diable, et vous voulez accomplir les désirs de votre père. Il a été un meurtrier dès le commencement". C'est dans le livre sur lequel les "témoins" doivent jurer lorsqu'ils témoignent contre les "antisémites" qui exposent le meurtre d'enfants chrétiens par les juifs !

"Le rabbinisme n'était qu'une extension du pharisaïsme, un ruisseau plein et enflé de doctrines, d'opinions et de pratiques corrompues, dont les ruisselets courent jusqu'au temps du Christ et remontent à ceux d'Ezra jusqu'à ce qu'ils se perdent dans la source, la philosophie religieuse d'un zoroastrisme dégradé". (Révérend J. Kitto, *Cyclopedia of Biblical Literature*).

Le chemin de la tradition est ainsi complet et conduit au rabbinisme.

Chapitre 2

L'inclination raciale

CERTAINES personnes disent que c'est le Talmud qui a fait du juif ce qu'il est. J'ai un autre point de vue. Je dis que c'est le juif qui a fait le Talmud. Je crois que ce n'est pas à cause de la religion qu'existe le désir ardent du sacrifice humain mais à cause de la race ; l'idée est, je pense, originale, et m'est venue de l'observation d'une race en particulier, celle connue sous le nom d'Arménoïde ou de race Hither-Asiatique, qui, selon moi, a un instinct prononcé pour le sadisme.

C'est, je crois, à la forte souche arménoïde ou hither-asiatique qui existe dans la nation juive que nous devons attribuer la responsabilité de nombreux traits et pratiques juives désagréables, dont le meurtre rituel.

Les juifs sont une nation sans foyer, pas une race ; ils sont un mélange de races, et le constituant racial qui se trouve le plus souvent parmi eux est l'Arménoïde ou, comme on l'appelle parfois, le Hither-Asiatique. Les autres races qui ont le plus contribué aux types juifs, que ce soit Ashkénaze ou Sépharade, sont Mongoloïde, Négroïde, Oriental et (Blanc) Alpin.

La race arménoïde semble s'être concentrée en Asie Mineure, où elle prédomine non seulement chez les juifs, mais aussi chez les Arméniens, et affecte le sang de nombreux "Turcs", "Syriens", "Géorgiens" et même Kurdes. De ce centre asiatique, une véritable plaie de sang arménoïde s'est répandue dans toutes les directions.

Au Nord, au début des siècles après J.C., il a traversé l'Empire Khazar qui a fleuri vers 730 après J.C., le souverain devenant un juif converti et forçant son peuple à faire de même. En direction du Sud, la race s'étend sur les territoires de l'Arabie, de l'Égypte, du Sahara et du Sud de l'Algérie. À l'Ouest, elle a empoisonné les populations des États des Balkans, la

Grèce, la Crète, le Sud de l'Italie, la Sicile et l'Espagne. À l'Est, elle a pénétré en Afghanistan et au Pendjab.

À travers la nation juive, comme chacun le sait, elle a contaminé presque tous les pays du monde.

La race arménoïde possède les caractéristiques physiques suivantes : hauteur et corpulence, moyennes ; tête courte de l'arrière vers l'avant, avec un nez large et charnu incurvé au bout vers le bas. Les lèvres sont plutôt proéminentes. Les cheveux sont noirs et crépus, la peau est de couleur basanée et les yeux sont noirs ou marrons. Le crâne et la nuque, une autre caractéristique marquée de cette race, sont alignés ; en d'autres termes, l'Arménoïde n'a "pas d'arrière à sa tête". Les sourcils ont aussi tendance à "se rencontrer" sur le nez. Le menton est habituellement peu développé.

Question tempérament, l'Arménoïde est l'inverse de la franchise. Il excelle dans la ruse, comme sa mine l'indique souvent. Il est bon en affaires en raison de son talent pour la mesquinerie circonstanciée et sa connaissance des travers les plus bas de la nature humaine. Il n'est pas usuellement doté de beaucoup de courage, mais la cruauté délibérée ne se manifeste que trop souvent dans sa nature. L'esprit de vengeance et l'entretien de la haine contre quiconque s'oppose à eux sont très marqués chez les personnes de type arménoïde.

Chaque nation qui contient une proportion considérable de personnes de race arménoïde établit rapidement pour elle-même une réputation de cruauté, de trahison, de malhonnêteté et de plaisir du pouvoir juste pour le pouvoir. C'est pourquoi de telles nations ne s'épanouissent pas longtemps sur leur propre territoire. Elles ne sont pas tolérées par leurs voisins.

Je soutiens que ce n'est pas la religion juive principalement qui fait que la nation juive est détestée dans le monde entier mais la forte dose de sang racial arménoïde dans ses veines. L'Afghan est tout aussi cruel : un Arménoïde musulman ; l'Abyssinien tout aussi traître : un Chrétien Arménoïde ; l'Arménien est tout aussi méchant : un autre Arménoïde Chrétien.

Une des caractéristiques des religions qui séduisent les Arménoïdes (juifs, Mahométans et Yézidis) est que la cérémonie d'initiation implique généralement une sorte de mutilation, comme la circoncision. Les lois religieuses régissant l'abattage d'animaux pour la nourriture sont encadrées et pratiquées sans tenir compte de la douleur inutile infligée aux animaux selon les méthodes prescrites.

Les anciens Assyriens étaient des Arménoïdes par race, et étaient connus pour leur cruauté.

Partout où prédomine la race hither-asiatique ou arménoïde, nous trouvons qu'il y a une cruauté organisée envers les prisonniers de guerre ; en Afghanistan, les femmes sortent après une bataille pour chercher les ennemis blessés sur qui elles pratiquent des mutilations horribles ; dans le Sud de l'Algérie, il existe une pratique similaire contre les blessés français, alors que les opérations récentes en Abyssinie prouvent qu'il y a une envie de même chose. Les Turcs de la race Arménoïde semblent se délecter de la cruauté perpétrée de sang froid, tandis que les juifs bolcheviques de Russie, de Hongrie, d'Espagne et d'ailleurs ont fait du 20ème siècle, un siècle aussi barbare que le 12ème... simplement en raison de l'instinct racial présent chez les arménoïdes importés.

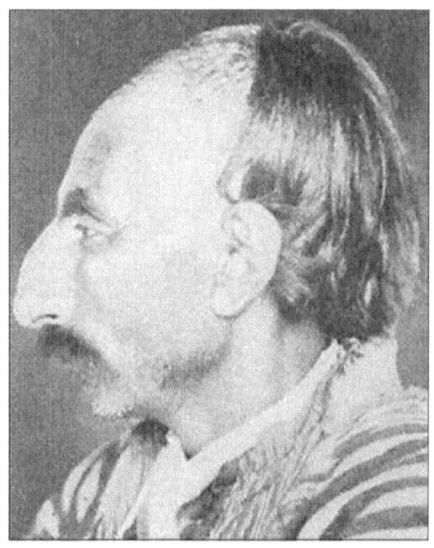

Selon le *Jewish Encyclopaedia*, 1903, vol. IV., p. 99, lors de l'exécution de la circoncision sur les enfants, le mohel (opérateur) "prend du vin dans sa bouche et applique ses lèvres à la partie impliquée dans l'opération et exerce une aspiration, après quoi il expulse le mélange de vin et de sang dans un récipient fourni."

Assurément, ce "rite religieux" classe l'Arménoïde comme quelque chose qui est fondamentalement différent de nous-mêmes.

Tout est Race ; il n'y a pas d'autre vérité.

L'esprit aryen a du mal à saisir l'idée qu'une race humaine puisse avoir un penchant pour le sacrifice sadique, car les Aryens ne possèdent pas un tel instinct. L'Anglais ne se rend pas compte que les juifs, les Afghans et les Arméniens sont constitués différemment de lui, et c'est son propre caractère amène qui a été en grande partie responsable de la Judaïsation des esprits qu'il a lui-même acquise en permettant aux juifs de le contrôler depuis si longtemps.

Je suis convaincu que c'est la Race plutôt que le Talmud ou la Kabbale que nous devons regarder avant de pouvoir comprendre l'envie de meurtre rituel et l'amour de la torture qui apparaissent chez les individus dans tous les pays dans lesquels l'Hither-Asiatique ou la race arménoïde a pénétré.

Chapitre 3

Sacrifice humain et religion juive

JE ne suis pas un étudiant du Talmud. Je n'ai aucune intention d'en devenir un. Pour la même raison, je ne deviendrai pas un étudiant de l'occultisme ou des égouts. Je sens les mauvaises odeurs et je garde mes distances.

Néanmoins, parce que les défenseurs des juifs utilisent une certaine argumentation qui consiste à nier qu'il n'y a jamais eu une telle chose que le meurtre rituel de chrétiens par les juifs, je suis obligé de citer quelques autorités irréprochables sur le sujet.

Cet "argument" est que la loi religieuse juive non seulement n'approuve pas la pratique du meurtre rituel, mais interdit carrément la consommation de sang. C'est un argument qui a été utilisé à travers les âges, et est utilisé aujourd'hui, et a même été le fondement du verdict, "Non coupable", dans des affaires où des juifs ont été jugés pour meurtre rituel !

C'était l'argument utilisé par le sultan de Turquie quand, pour des pots-de-vin, il a émis un firman (1840) en disant que les accusations de meurtre rituel contre les juifs étaient des calomnies. (Voir p. 43).

Mais on sait qu'il y a toujours eu deux méthodes d'instruction parmi les juifs : une *exotérique* qui enseigne ouvertement les lois de Moïse et les traditions rabbiniques ; l'autre *ésotérique*, ou les mystères sont confiés uniquement à certaines personnes liées au secret. Cette dernière, l'enseignement ésotérique, est associée à l'occultisme et à ce qu'on appelle la Magie Noire, et la Kabbale mystique est sa source ; pour certains rites et cérémonies, le sang est nécessaire ; et il existe des rites secrets qui ne sont connus que de quelques-uns.

Même si les lois juives écrites n'approuvent pas la pratique, cela ne prouve pas que les juifs n'aient pas commis de meurtre conformément à certains rituels occultes. Ici, laissons un juif parler pour nous :

Bernard Lazare, un juif que l'on a déclaré (*Jewish Encyclopedia*, 1904, Vol. VII, p. 650) n'avoir "aucune conviction religieuse", a écrit ce qu'il qualifiait lui-même d'"'étude impartiale de l'histoire et de la sociologie des juifs"," appelant son livre *L'Antisémitisme* ; dans l'édition de 1934, Vol. II, p. 215, il écrit, après avoir mentionné les accusations de meurtre rituel portées contre les juifs :

> À cette croyance générale, on ajoute les soupçons, souvent justifiés, contre les juifs accros des pratiques magiques. En fait, au Moyen Âge, le juif était considéré par le peuple comme le magicien par excellence, on trouve de nombreuses formules d'exorcisme dans le Talmud, et la démonologie talmudique et cabalistique est très compliquée. On connaît maintenant la position que le sang occupe toujours dans les opérations de sorcellerie. Dans la magie chaldéenne, il avait une très grande importance... Maintenant, il est très probable, même certain, que les magiciens juifs ont dû sacrifier des enfants, d'où l'origine de la légende du sacrifice rituel.

Il est bien connu, comme le montrera le chapitre 6, qu'il existe des rituels occultes dans lesquels toutes sortes de pratiques abominables sont exercées et qu'elles proviennent de la Kabbale juive.

Ainsi, combien est ridicule cet "argument" selon lequel les lois Mosaïques et le Talmud n'exigent pas de meurtre rituel, et interdisent même l'utilisation du sang, Isaac Abrahams ne peut donc pas être coupable de meurtre rituel !

Prenez un cas analogue. Le 8ème commandement interdit le vol. Avez-vous déjà entendu ce fait soulevé dans la défense d'un chrétien en procès pour ce crime ? Pouvez-vous imaginer l'avocat d'un prisonnier arguant que John Smith ne pouvait pas avoir volé un porte-monnaie à William Brown parce que la religion chrétienne interdit une telle chose ? De plus, pouvez-vous imaginer qu'un avocat s'en tire avec un tel argument ? Pourtant, c'est ce que les juifs ont souvent réussi à faire !

Si stupide que soit ce cri hystérique, "*Nos lois ne l'approuvent pas*", je serais, en tant qu'enquêteur scientifique, disposé à concéder comme un fait, sans qu'il soit nécessaire d'effectuer d'autres enquêtes sur les lois juives, que le meurtre rituel est contraire à ces lois. Je l'accepterais parce que le point n'a aucune importance dans mon affaire contre le juif. Si le point a été établi, quelle est la différence entre le verdict de l'affaire Trent, l'affaire de Damas ou les nombreux cas que je vais vous présenter dans les chapitres suivants ?

Un autre point. Quelle est la *probabilité* de trouver une autorisation claire pour un tel crime que le meurtre rituel dans les lois juives ? Si l'on trouvait une telle chose, j'ose dire qu'il ne resterait plus un seul juif vivant, tellement serait grande l'indignation populaire contre la nation juive. Nous devrions les traiter exactement comme Sir W. H. Sleeman a traité les Thugs, les meurtriers rituels de l'Inde, quand il les a éliminés comme criminels héréditaires au siècle dernier.

Le Dr Erich Bischoff, l'autorité allemande en chef sur la loi et la religion juives, affirme avoir mis le doigt sur un passage approuvant le meurtre rituel dans le *Thikunne Zohar* (Edition Berdiwetsch, 88 b), un livre de théosophie cabalistique. Le passage indique :

> En outre, il y a un commandement concernant le meurtre d'étrangers, qui sont comme des bêtes. Ce meurtre doit être fait selon la méthode légale. Ceux qui ne se prêtent pas à la loi religieuse juive doivent être offerts comme des sacrifices au Haut Dieu.

Le Dr Bischoff pourrait avoir raison. Je ne me prononcerai pas là-dessus.

Néanmoins, les lois juives nous disent quelque chose ; sans aucune autorisation directe du meurtre *rituel*, elles nous montrent sans l'ombre d'un doute, que le juif est généralement en guerre spirituellement avec le reste de l'humanité, et sur cet argument, je fonde ma déclaration selon laquelle les lois juives montrent des bases suffisantes pour que l'enquêteur scientifique considère qu'il n'y a rien d'improbable dans la réalité du meurtre rituel juif.

Je ne vais pas suivre la même ligne que d'autres enquêteurs anti-juifs ont suivie au sujet de cette affaire ; je ne citerai aucune loi mosaïque ni aucun principe talmudique. Je vais simplement citer le grand explorateur et orientaliste, Sir Richard Burton, un Britannique qui a fait son affaire d'étudier le Talmud de près et a rapporté ses conclusions sur les relations qu'il a révélées exister entre juif et Gentil. Je cite maintenant son ouvrage,

The Jew, the Gypsy and El Islam, édité par W. H. Wilkins et publié par MM. Hutchinson en 1898.

Page 73 : "Le principe le plus important et le plus grave de la croyance juive moderne est que le Ger, ou l'étranger, en fait tous ceux qui n'appartiennent pas à leur religion, sont des bêtes, n'ayant pas plus de droits que la faune des champs".

Je sais depuis longtemps que c'est la clé de la politique internationale ; et cela montre que ce qui serait un meurtre pour un Aryen n'est qu'un abattage pour un juif talmudique.

Page 81 : "Le Talmud déclare qu'il existe deux sortes de sang qui plaisent au Seigneur, à savoir : (1) celui de l'holocauste pascal[1] ; (2) celui de la circoncision."

Je suppose que chaque nation a le dieu qu'elle mérite et admire. Quel genre de peuple a pour dieu un dieu qui trouve le sang obtenu à partir de la mutilation d'organes génitaux humains "plaisant" ?

Sir Richard Burton commente :

Page 115 : "De toute évidence, un enseignement aussi cruel et vindicatif que celui raconté dans le chapitre précédent doit porter fruit dans le crime et les atrocités."

Le juif *Schulchan Aruch*, qui a codifié les enseignements du Talmud, va beaucoup plus loin en approuvant des pratiques honteuses contre les Gentils, je ne le cite pas parce que mon but n'est pas d'exciter les représailles, mais de marquer les juifs comme ayant été responsables, collectivement ou individuellement, de meurtres rituels. Je veux que les Gentils prennent des mesures pour éliminer les juifs de notre milieu par l'expulsion vers un foyer national à eux et par des moyens légaux.

Il y a de bonnes raisons de penser que c'est à la secte "Chassidim" [Hasidic] que remontent les récents meurtres rituels juifs : le Chassidim est parfois considéré comme une secte moderne qui est apparue en Pologne au 18ème siècle seulement, mais le *Jewish Encyclopedia* (1905), vol. IX, p. 661, dit que les Pharisiens étaient à l'origine identiques aux Chassidim, les Chassidim sont de vrais fanatiques imprégnés de mysticisme.

---

[1] L'holocauste pascal est le sacrifice de la Pâque.

Chapitre 4

Motif et nature du meurtre rituel juif

LE motif du meurtre rituel des chrétiens par les juifs est presque certainement la haine. C'est en fait le même motif que Disraeli a reconnu comme étant la cause d'activités révolutionnaires contre les gouvernements des Gentils ; selon ses propres termes (*Life of Lord George Bentinck*, 1852) :

> Le peuple de Dieu coopère avec les athées, les plus habiles accumulateurs de biens s'allient eux-mêmes avec les communistes, la race particulière et choisie touche la main de toutes les racailles et les basses castes de l'Europe, et tout cela parce qu'ils souhaitent détruire cette chrétienté ingrate qui leur doit même son nom et dont ils ne peuvent plus supporter la tyrannie.

La haine du christianisme est une tradition parmi les juifs : tout comme la haine de l'Angleterre est une sorte de religion pervertie parmi une classe inférieure d'Irlandais. Il faut se rappeler que l'Hymne de la haine qui a été débité aux Allemands pendant la guerre a été écrit par le juif [Ernst] Lissauer.

L'un des principaux jours de fêtes juives est celui de Pourim. Cette fête est une orgie de haine contre Haman, dont l'histoire se trouve dans le Livre d'Esther de l'Ancien Testament. L'histoire, qui est probablement un mythe, est que Xerxès, roi de Perse, s'est amouraché d'une juive, Esther, et en a fait sa reine à la place de sa légitime épouse. Haman, le ministre du roi, se plaignit de la conduite des juifs qui, disait-il, ne respectaient pas les lois et obtint du roi l'ordre de les tuer. Esther supplia le roi et l'incita à convier Haman à un banquet. Là, la reine Esther a également incité le roi à épargner les juifs et à pendre Haman sur une potence préparée pour l'exécution de son gardien. Au lieu de détruire les juifs, leurs ennemis ont été abattus, y compris les dix fils d'Haman, qui ont été pendus.

Ce festin est souvent célébré par un étalage de gourmandise, d'ivresse et de jurons adressés à la mémoire d'Haman ; et même aujourd'hui encore à Londres, les boulangers juifs font des gâteaux en forme d'oreilles humaines qui sont mangés par les juifs ce jour-là, et s'appellent "Les oreilles d'Haman", révélant encore une fois la haine et la barbarie inhérentes du juif parmi nous.

Les deux jours de fêtes principales associées au meurtre rituel ont été (1) Pourim, et (2) Pessa'h, ce dernier à la Pâque juive et le premier environ un mois avant. Quand un meurtre rituel se produisait à Pourim, il s'agissait généralement d'un chrétien adulte qui avait été assassiné pour son sang ; on dit que le sang était séché et que la poudre était mélangée à des gâteaux triangulaires destinés à être mangés ; il est possible que le sang séché d'un meurtre à Pourim soit parfois utilisé pour le Pessa'h suivant.

Quand un meurtre rituel était fait à Pessa'h, il s'agissait généralement d'un enfant de moins de sept ans, un spécimen aussi parfait que possible, qui n'était pas seulement saigné à blanc, mais crucifié, parfois circoncis et couronné d'épines, torturé, battu, poignardé, et parfois complété par des blessures au côté à l'imitation du meurtre du Christ. Le sang prélevé de l'enfant était mélangé soit en poudre, soit dans le pain de Pessa'h.

Une autre fête à laquelle on pense que le meurtre rituel s'adonnait parfois est Hanoucca, qui se produit en décembre, commémorant la reprise de Jérusalem par les Maccabées en 165 avant J.C.

Des exemples de meurtres de Pourim sont ceux de Damas, de Rhodes, de Xanten, de Polna, de Gladbeck et de Paderborn.

Bien que la haine soit le motif principal, des traditions superstitieuses sont également impliquées, l'une étant l'association des sacrifices de sang avec l'idée d'expiation ; certains juifs ont avoué que la communauté juive ne peut être sauvée ou ne peut pas revenir à Sion, à moins que chaque année le sang d'un chrétien ne soit obtenu à des fins de consommation rituelle.

Les meurtres politiques, tels que le meurtre juif du Tsar et de sa famille et d'autres Russes, ont parfois été accompagnés de caractéristiques suggestives de rituel, mais je ne veux pas compliquer ce livre en devinant le sens des signes laissés symboliquement par les meurtriers.

Chapitre 5

"Une relique des temps de la sorcellerie et de la magie noire"

LE 6 mai 1912, *The Times* a publié une lettre, signée par de nombreux hommes d'autorité, protestant contre ce qu'ils appelaient la résurgence de "l'accusation hideuse de meurtre rituel" qui était intentée contre un juif à Kiev. "L'accusation de sang", ont-ils dit, "est une relique des temps de la sorcellerie et de la magie noire".

Malheureusement pour les signataires de cette lettre, qui comptaient parmi eux les archevêques de Canterbury, de York et d'Armagh, le cardinal archevêque de Westminster, des évêques à foison, des ducs, des Comtes, des juges, des maîtres de collèges et des éditeurs, de cette période, l'Accusation de sang n'a rien du tout de médiéval à son sujet ; c'était plus répandu au 19ème siècle que dans les temps médiévaux !

Malheureusement, la magie noire est également dans la même catégorie. Ce n'est pas non plus médiéval ; il n'y a jamais eu un culte plus large de la magie noire que dans l'an de Notre-Seigneur –1938 !

Combien il est extraordinaire que des hommes influents puissent être amenés à signer une déclaration telle que j'ai citée ! Et combien étrange est que, là où les intérêts juifs sont en jeu, ces mêmes chrétiens influents ne verront rien d'irrégulier dans la tentative de compromettre le bon déroulement du procès criminel du juif Beiliss à Kiev, un déroulement qu'ils ne poursuivraient jamais dans aucune autre cause !

Confondons les signataires de la lettre du *Times* avec des mots sortis de la bouche des juifs eux-mêmes. La *Jewish Encyclopedia*, 1903, vol. III, pp. 266-7, donne une liste des accusations de meurtres rituels portées contre les juifs au cours des siècles ; 122 cas sont répertoriés dans un ordre chronologique, et pas moins de 39 d'entre eux l'ont été au 19ème siècle !

Selon cette liste juive autorisée il y a eu bien plus du double du nombre d'accusations de sang faites au 19ème siècle que dans n'importe quel siècle précédent.

Examinons la liste des accusations de meurtre rituel faites par un juif converti, Cesare Algranati, en 1913, et publiée dans les *Cahiers Romains* ; voici énumérées 101 accusations, dont 28 ont été faites au 19ème siècle et seulement 73 pour les huit siècles précédents ! Même le juif Roth enfonce le clou, car il dit (p. 16 de son *Ritual Murder Libel and the Jew*, 1935), "Le 19ème siècle se révèle un peu moins crédible que ceux qui l'ont précédé".

Les listes d'accusations de sang d'auteurs "antisémites" concordent à cet égard avec les listes faites par les juifs ; *Der Stürmer*, le journal de Julius Streicher, dans un numéro spécial Meurtre Rituel, publié en 1934, montre qu'au 19ème siècle, des accusations de meurtre rituel ont été portées, soit dix de plus que dans tout autre siècle de l'histoire européenne enregistrée par elle.

Le fait que les accusations augmentent en nombre au fur et à mesure que l'ère devient de plus en plus éclairée est particulièrement significatif, car le pouvoir de l'argent juif et ses activités pour faire taire quelqu'un sont plus développés que jamais et on aurait pu s'attendre à une réduction du nombre d'accusations.

On en a dit suffisamment maintenant afin d'exposer l'absurdité de vouloir consigner l'accusation de sang comme un fantasme médiéval.

Cela existe aujourd'hui ; je peux dire avec le grand Sir Richard Burton (*The Jewish, The Gypsy et El Islam*, 1898, p. 129) : "En tout cas, on a avancé suffisamment dans ces pages pour ouvrir les yeux de l'élève et de l'ethnographe ; cela résistera à l'épreuve du temps jusqu'à Elijah".

Chapitre 6

"Cela ne pourrait pas arriver aujourd'hui"

CET argument, "Cela ne pourrait pas arriver aujourd'hui", semble suffisant pour beaucoup de gens quand il est appliqué à la question du meurtre rituel. Il est peut-être réconfortant pour l'esprit démocratique de penser que le "Progrès" garantit qu'une telle pratique diabolique, même si elle s'est produite dans des temps non éclairés, n'aurait pas pu survivre aujourd'hui.

J'aimerais pouvoir trouver du réconfort dans cet argument, mais il n'en est rien. Il n'y a pas de faits pour l'appuyer.

Je ne nie pas que les peuples aryens aient progressé ; mais je ne pense pas qu'il y ait des preuves pour montrer des progrès similaires parmi certaines autres races.

Comparez les deux évènements suivants, en notant les dates :

En 117 après J.C. D'après le récit de Dio Cassius dans le 68ème Livre de son histoire, chapitre 32 :

> Alors les juifs de Cyrène (sur la côte moderne de Tripoli en Afrique du Nord) choisissant comme chef un Andreas, ont tué les Romains et les Grecs, et dévorèrent leurs corps, burent le sang, revêtirent les peaux écorchées, et scièrent bon nombre d'entre eux en deux depuis la tête jusqu'en bas, ils jetèrent certains aux bêtes sauvages et d'autres furent obligés de se battre en combat unique, de sorte qu'en tout, 220.000 furent tués. En Égypte, ils ont fait beaucoup de choses semblables, également à Chypre, dirigé par l'un d'entre eux appelé Artemion et là, 240.000 furent tués.

En 1936 après J.C. Du *Daily Mail*, le 17 septembre (décrivant les horreurs de la Révolution rouge en Espagne) :

Baena (Province de Cordoue) : quatre-vingt-onze assassinats, principalement par des coups de feu, des coups de hache ou des étranglements. D'autres ont été brûlés vifs. Deux religieuses qui avaient été traînées du couvent de la Mère de Dieu avaient leurs médailles religieuses, avec la figure de la Vierge, clouées dans leurs orbites.

La Campana (Séville) : les rouges, dirigés par une femme, Concepcion Velarde Caraballo, qui a tué ou était responsable du meurtre de 11 personnes en prison. Les prisonniers se sont fait tirer dessus jusqu'à ce qu'ils tombent, ils ont été couverts d'essence, puis ils ont été brûlés. Certains se débattaient dans les flammes quand on est entré dans la ville.

Lore del Rio (Séville) : 138 assassinés. Ils ont été traînés dans le cimetière, alignés et on leur a tiré dans les jambes, ils ont été enterrés vivants alors qu'ils tombaient dans une tranchée. Lorsque la ville tomba, on pouvait encore les voir se débattre au-dessus du sol.

Je ne vois pas beaucoup de différence entre les démons juifs responsables de ces deux massacres, même si dix-huit siècles les séparent !

Compte tenu de cela, pourquoi cette perplexité à l'idée que le meurtre rituel juif existe encore ?

Pourquoi tant de tapage quand les juifs sont accusés de pratiquer le meurtre rituel ? D'autres Asiatiques sont connus pour l'avoir pratiqué jusqu'en 1850, et, s'ils avaient été laissés livrés à eux-mêmes, ils auraient sans doute conservé la coutume.

En Inde, de 10.000 à 50.000 meurtres étaient perpétrés chaque année par un corps religieux connu sous le nom de Thugs. Ils étaient pour la plupart Mahométans d'origine, mais un certain nombre d'Hindous étaient également impliqués. Ils vénéraient Kali, la déesse hindoue de la destruction. Leur coutume était de se regrouper, généralement tels des voyageurs, lorsqu'ils gagnaient lentement la confiance d'un innocent et, sur un signal, l'étranglaient de la manière prescrite, qu'ils considéraient comme un devoir religieux ; puis ils le volaient s'il avait quoi que ce soit à dérober et enterraient le corps de sorte à ne laisser aucune trace. Les Thugs ont réellement reçu la protection de certains des princes et des chefs indigènes que leur pouvoir en tant que secte religieuse secrète effrayait complètement. Combien cela nous rappelle l'attitude des hommes influents dans ce pays qui adoptent la même vue de la Maçonnerie et de la communauté juive !

Ensuite, le gouvernement britannique a décidé que la chose devait s'arrêter. Après de nombreuses années d'enquête, Sir W.H. Sleeman a éliminé la secte Thug et aucun meurtre Thuggee n'a été enregistré depuis 1850. Il a constaté que le Thuggee était héréditaire parmi les membres masculins d'une famille, et il a atteint son but en confinant à l'isolement à vie les membres masculins des familles Thug.

Maintenant, je pense que le Thuggee s'*est produit* ; et s'est produit au 19ème siècle jusqu'à ce que les Britanniques y mettent un terme grâce à Sleeman. Elle [la secte] était si bien dissimulée qu'il aura fallu longtemps avant que l'administration britannique n'apprenne l'existence des Thuggee ; une autre analogie avec le meurtre rituel juif !

"Cela ne pourrait pas arriver aujourd'hui". Pourquoi pas ?

Et le 13 septembre 1937, un télégramme a été envoyé au *Times* de Delhi pour signaler le sacrifice d'un jeune de 17 ans pour apaiser le dieu de la pluie, dans l'État de Sirmûr. Le jeune a été mené à travers le village de Gunupur par une foule de personnes dirigée par un prêtre et le chef du village, et décapité sur un autel spécial accompagné de chants dévotionnels. La tête a été trouvée par la police au pied de la divinité au temple du village.

Alors que la règle aryenne sur l'Inde se détend, le Thuggee et d'autres sacrifices humains ré-apparaissent. "Cela ne pourrait pas arriver aujourd'hui". Encore une fois, pourquoi pas ?

Voici un extrait de *Magick* par le "Master Therion", publié en 1929 par Lecram Press, 26, rue d'Hautpool, Paris, pp. 94-5 :

> ...c'était la théorie des anciens magiciens que tout être vivant est un entrepôt d'énergie variant en quantité selon la taille et la santé de l'animal, et dans la qualité selon son caractère mental et moral. À la mort de l'animal, cette énergie est libérée soudainement. L'animal devrait donc être tué à l'intérieur du cercle, ou du triangle, selon le cas, de sorte que son énergie ne puisse pas s'échapper... *Pour le travail spirituel le plus élevé, il faut donc choisir la victime qui contient la plus grande et la plus pure force. Un enfant mâle d'innocence parfaite et d'intelligence élevée est la plus satisfaisante et la plus appropriée des victimes.*

Une note de bas de page à la page 95 dit "(4) Il ressort des enregistrements magiques de Frater Perdurabo qu'*il a fait ce sacrifice particulier en moyenne environ 150 fois par an entre 1912 et 1928*".

Cette note de bas de page se réfère à la dernière phrase dans le paragraphe ci-dessus. Les italiques sont toutes les miennes.

"Cela ne pourrait pas arriver aujourd'hui". Pourquoi pas, au nom du diable ?

Sir Richard Burton montre qu'au début du 19ème siècle, à Rome et dans les autres villes d'Italie on parlait de la disparition d'enfants à Pessa'h, lorsque la surveillance efficace était ignorée, ainsi que tout au long du siècle à Smyrne et d'autres endroits du Levant et en Turquie.

Cela ne pourrait pas arriver aujourd'hui ? Mais la méthode juive d'abattage des bovins se déroule maintenant et est spécialement exemptée des objets de la loi de 1933 sur l'abattage des animaux, laquelle loi ordonne que tous les bovins destinés à la nourriture des Gentils soient étourdis avec un instrument mécanique avant que la gorge ne soit coupée. La méthode juive consiste à couper la gorge d'une oreille à l'autre sans aucun étourdissement préalable. Cela a été condamné par une Commission gouvernementale tenue en 1904 comme défaillante en termes de rapidité, d'absence de douleur inutile et de perte instantanée de sensibilité. Pourtant, cela "se produit aujourd'hui" et est protégé dans cette Angleterre, par une loi anglaise, et reste inattaqué par la Société royale pour la prévention de la cruauté envers les animaux.

Pourquoi cela ne pourrait pas arriver aujourd'hui ?

Encore aujourd'hui, nous apprenons de sources juives (*B'nai B'rith Messenger*, Californie, 3 avril 1936) que les Samaritains, une secte juive non orthodoxe qui suit Pessa'h par le calcul solaire, se livrent à des sacrifices sanglants d'animaux le jour de la fête ; un récit de la visite du lieu de sacrifice sur le mont Gerizim au 20ème siècle est donné, et ces mots sont utilisés : "J'ai entendu le cri de triomphe sauvage et primitif alors que le couteau est retiré du cou de l'agneau du sacrifice."

Voici un paragraphe d'un périodique qui sera sans nom, de 1936, montrant que l'inclination pour les "Mystères" n'est pas morte :

> Le pharisien sophistiqué du 20ème siècle remercie sans cesse que soient restés derrière les fables et les rituels des anciens. L'homme sage mondain aime l'évidence et est exaspéré par ce qui n'est pas évident. Les ploutocrates comme les prolétaires se considèrent eux-mêmes victimes de cette personne dont ils ne comprennent pas les mots ou les actions. Nous aimons l'évidence parce qu'elle nous flatte et détestons le mystérieux car il damne notre intelligence avec un faible éloge. Les énigmes sont agaçantes. Le modernisme demande des faits. Pourtant, avec des faits pour son fétiche, le moderniste est plus insensé que ses ancêtres. Dénonçant la superstition, il est très superstitieux, rejetant les fantaisies, il est le produit fantastique d'un âge fictif. Le monde moderne s'ennuie de sa propre importance, la vie elle-même est devenue une source d'ennui. Souffrant d'ennui chronique, comment un monde peut-il s'intéresser à autre chose qu'à lui-même ? Étouffées dans leur auto-complaisance, ces personnes toutes suffisantes demandent des faits. Mais quels sont les faits que les imbéciles peuvent comprendre ? Comment les superficiels démunis peuvent-ils saisir le désespérément profond, car les réalités ne sont-elles pas réservées aux sages ?

Parallèlement à cette absurdité coagulée, il y avait une image d'un meurtre rituel, avec la victime crucifiée ; et en-dessous, un portrait de l'auteur, incontestablement juif.

Je suppose que "cela arriverait aujourd'hui" s'il n'en tenait qu'à ce juif !

Chapitre 7

Le meurtre rituel juif en Angleterre avant l'Expulsion de 1290

LE premier cas connu est arrivé en 1144 ; après cela, les cas ont fait surface de temps en temps jusqu'à ce que les juifs aient été expulsés du royaume par Édouard I. Le plus célèbre de ces cas est celui de Little St. Hugh de Lincoln en 1255. Je rapporte ces cas dans l'ordre chronologique ; et je ne nie pas la possibilité que certains d'entre eux pour lesquels les détails manquaient, soient de "fausses accusations", où la mort peut être due à des causes autres que le meurtre rituel et les juifs ont été blâmés pour cela ; mais le cas de Saint-Hugh, en particulier, a été juridiquement prononcé, et les *Rotuli litterarum patentium* du royaume enregistrent définitivement des cas à Londres, Winchester et Oxford. Il n'y a aucune raison de douter que de nombreux cas de meurtres rituels ont été insoupçonnés et même inconnus.

1144   *Norwich*. Un garçon de douze ans a été crucifié et son côté percé à la Pâque juive. Son corps a été trouvé dans un sac caché dans un arbre. Un juif converti, appelé Théobald de Cambridge, a confessé que les juifs prenaient chaque année le sang d'un enfant chrétien parce qu'ils pensaient que ce n'est qu'en faisant cela qu'ils pourraient obtenir leur liberté et retourner en Palestine ; et que c'était leur coutume de tirer au sort pour décider de la provenance du sang ; Théobald a déclaré que l'année dernière, le tirage au sort est tombé sur Narbonne, mais cette année, à Norwich. Le garçon a été localement béatifié et est connu depuis comme Saint-William. Le shérif, probablement soudoyé, a refusé que les juifs soient jugés.

Révélations d'un Goy-averti

Dans le livre de J.C. Cox, *Norfolk Churches* (vol. II, p. 47), ainsi que dans *Victoria County History of Norfolk* (1906, vol. II), se trouve une illustration d'un vieux jubé peint illustrant le meurtre rituel de St. William ; le paravent lui-même est dans l'église Loddon, Norfolk, à moins que le pouvoir de l'argent juif ne l'ait fait enlever. Personne ne nie cette affaire en tant qu'évènement historique, mais les juifs, bien sûr, disent que ce n'était pas un meurtre rituel. Le juif, C. Roth, dans son livre *The Ritual Murder Libel and the Jew* (1935) dit :

> Les enquêteurs modernes, après un examen attentif des faits, ont conclu que l'enfant avait probablement perdu conscience à cause d'une crise cataleptique et avait été enterré prématurément par ses proches.

Comment ces enquêteurs modernes sont arrivés à une conclusion comme celle-ci après toutes ces années, M. Roth ne le dit pas ; ce n'est pas non plus un compliment envers l'Église que de suggérer que ses ministres permettraient de célébrer la mort du garçon comme le martyre d'un Saint sans s'être convaincus eux-mêmes que des blessures sur le corps confirmaient la crucifixion et le perçage du côté. Et expliquer pourquoi les parents auraient enterré le garçon dans un sac, puis déterré pour l'accrocher dans un arbre, serait un casse-tête, même pour un juif.

Acts and Monuments of the Church de John Foxe témoignent de ce meurtre rituel, tout comme les Bollandistes et d'autres historiens. Le prieur, William Turbe, qui devint ensuite évêque de Norwich, fut la figure de proue de cette affaire en insistant sur le fait que le crime était celui d'un meurtre rituel ; dans le *Dictionary of National Biography* (édité par un juif !), il est clair que sa carrière, totalement à part de cette affaire de meurtre rituel, est celle d'un homme de grande force de caractère et de courage moral.

1160   *Gloucester.* Le corps d'un enfant appelé Harold a été trouvé dans la rivière avec les plaies habituelles de la crucifixion. Parfois daté à tort 1168. Enregistré dans *Monumenta Germaniae Historica*, (vol. VI, Annales d'Erfurt) ; *Polychronicon*, R. Higdon ; *Chronicles*, R. Grafton, p. 46.

1181   *Bury St. Edmunds.* Un enfant appelé Robert a été sacrifié à Pessa'h. L'enfant a été enterré dans l'église et sa présence était censée causer des 'miracles'. Autorité : Rohrbacher, de la Chronique de Gervase de Canterbury.

1192   *Winchester.* Un garçon crucifié. Mentionné dans *Jewish Encyclopedia* comme une fausse accusation. Les détails manquent.

1232   *Winchester.* Enfant crucifié. Les détails manquent. Mentionné dans *History of the Jews in England* de Hyamson ; également dans *Annals of Winchester* ; et de manière définitive dans le Close Roll 16, Henry III, membrane 8, 26.6.1232.

1235   *Norwich.* Dans ce cas, les juifs ont volé un enfant et l'ont caché en vue de le crucifier. Le *Dictionary of Dates* de Haydn à la date 1847, dit de cette affaire : "Ils (les juifs) circoncisent et tentent de crucifier un enfant à Norwich, les délinquants sont condamnés à une amende de 20.000 marks". Autorité supplémentaire Huillard Breolles, *Grande Chronique*, III, 86. Aussi Close Roll, 19 Henry III, m. 23.

1244   *London.* Un corps d'enfant trouvé non enterré au cimetière de Saint-Bénédict, avec des coupures rituelles. Enterré en grande pompe à Saint-Paul. Autorité : *Social England*, vol. I, p. 407, édité par H. D. Traill.

1255   *Lincoln.* Un garçon appelé Hugh a été enlevé par les juifs et crucifié et torturé par haine de Jésus-Christ. La mère du garçon a trouvé le corps dans un puits sur la terre d'un juif appelé Joppin ou Copinus. Ce juif, auquel le juge avait promis la vie s'il avouait, l'a fait, et 91 juifs ont été arrêtés ; finalement 18 ont été pendus pour le crime. Le roi Henri III lui-même a personnellement ordonné l'enquête juridique de l'affaire cinq semaines après la découverte du corps et a refusé d'accorder la miséricorde au juif Copinus, qui a été exécuté.

Hugh a été localement béatifié, et sa tombe peut encore être vue dans la cathédrale de Lincoln, mais le pouvoir de l'argent juif a de toute évidence œuvré, car entre 1910 et 1930, un avis a été fixé au-dessus du sanctuaire indiquant :

> Le corps de Hugh a été enterré dans la cathédrale et traité comme celui d'un martyr. Lorsque la cathédrale a été repavée, le squelette d'un petit enfant a été trouvé sous la pierre tombale actuelle. Il y a beaucoup d'incidents dans l'histoire qui tendent à jeter le doute sur celle-ci et l'existence d'histoires semblables en Angleterre et ailleurs trouvent leur source dans la haine fanatique des juifs du Moyen Âge et la superstition commune, maintenant totalement discréditée, que le meurtre rituel était un facteur des rites pascals juifs. Des tentatives ont été faites dès le 13ème siècle par l'Église pour protéger les juifs contre la haine de la population et contre cette accusation particulière.

Lors d'une récente visite à Lincoln de la Société historique juive, en 1934, le maire, M.G. Deer, leur a dit : "Qu'il (St Hugh) ait été condamné à mort par les juifs à des fins *rituelles ne peut être qu'une diffamation* fondée sur les préjugés et l'ignorance d'un âge non éclairé". Le chancelier à la même occasion a dit : "C'était *de toute évidence* une des très nombreuses affaires de calomnie répandues sur les juifs de temps en temps. *Sans aucun* doute, l'enfant est mort ou est tombé dans le puits".

Ces personnes, les juifs et les Gentils ne fournissent aucune preuve quelconque concernant leurs déclarations ; *cela n'aurait pas pu arriver*, disent-ils. Pourquoi pas ?

Est-ce qu'Henry III, bien que de faible caractère comme on le sait, a jamais été accusé avoir été un homme immoral ? Les juges n'ont-ils pas examiné le corps, qui n'était mort que depuis quatre semaines ? Est-ce que le *Dictionary of Dates* de Haydn (édition de 1847) est médiéval et superstitieux quand il a dit de cette affaire "Ils (les juifs) crucifient un enfant à Lincoln, pour lequel 18 sont pendus ? Il n'y a pas de "si" ni de "mais" ici ! Ou les confessions de Copinus ne correspondent-elles pas à celle de Théobald, cité ci-dessus dans le premier cas de Norwich ? Copinus a dit : "Pour la mort de cet enfant, presque tous les juifs en Angleterre sont venus ensemble et chaque ville a envoyé des députés pour aider au sacrifice".

Personne ne questionne les faits historiques dans cette affaire, mais les juifs et les Gentils enjuivés s'unissent pour nier le fait du meurtre rituel.

Strack, dans son ouvrage, *The Jew and Human Sacrifice* - écrit en défense des juifs contre l'Accusation de Sang - *omet toute mention de cette affaire célèbre*, qui est le sujet du conte de la Prieure (Les *contes de Canterbury*) de Geoffrey Chaucer et est mentionnée dans *Jew of Malta* de Marlowe. *History of the Jews in England* de Hyamson consacre l'ensemble du chapitre IX à "Little St. Hugh of Lincoln ", montrant l'importance du problème du meurtre rituel dans l'esprit juif aujourd'hui.

Les *Rotuli litterarum* du royaume suivants se réfèrent à l'affaire Saint-Hugh : Henry III, 39, m. 2, 7. 10 1255 ; 39, m. 2, 14.10.1255 ; 40, m. 20, 24.11. 1255 ; 40, m. 13, 13.3.1256 ; 42, m. 6, 19.6.1258. Et le Patent *Rotuli*, Henry III, 40, m 20, 26.11.1255 ; 40, m. 19, 9.12.1255 ; 40, 27.3.1256 ; et 40, m. 5, 20.8.1256.

1257   *Londres.* Un enfant sacrifié. Autorité : Cluverius, *Epitome historiae*, p 541. Les détails manquent.

1276   *Londres.* Un garçon crucifié. Autorité : Le *Rotuli litterarum* du royaume, 4, Édouard I, membrane 14, 3.3.1276.

1279   *Northampton.* Un enfant crucifié. *Dictionary of Dates* de Haydn, 1847, dit de cette affaire : "Ils (les juifs) crucifient un enfant à Northampton, fait pour lequel, 50 sont tirés à la queue des chevaux et pendus". Autres autorités : Reiley, *Memorials of London*, p. 15 ; H. Desportes, *Le Mystère du Sang*.

1290   *Oxford.* Le *Rotuli litterarum* 18 Édouard I, mem. 21, 21 juin 1290, contient une ordonnance de livrer au geôlier un juif, Isaac de Pulet, détenu pour le meurtre d'un garçon chrétien à Oxford.

Un mois seulement après, le roi Édouard a émis son décret expulsant les juifs du Royaume. Il y a donc toutes les raisons de croire que c'est le meurtre d'Oxford qui fut la dernière goutte qui a fait déborder le vase.

Le lecteur verra (p. 38) que c'est un cas rituel similaire qui est à l'origine de l'expulsion des juifs pratiquants par le roi et la reine d'Espagne en 1492.

Les juifs, essayant d'échapper à la responsabilité de ces décès par meurtre rituel, n'hésitent pas à contester la probité de deux des rois d'Angleterre, dont personne d'autre n'a osé émettre un soupçon concernant leur moralité. Voici quelques exemples. Dans le supplément du *Jewish Chronicle* d'avril 1936, p. 8 (parlant de l'affaire Lincoln sous le règne de Henry III : "Dès lors, et surtout sous le fervent chrétien Édouard I, la Couronne et ses officiers sont presque devenus un danger pire pour les juifs que les hordes déterminées au pillage et ayant à leur tête des prêtres fanatiques et des cavaliers chevronnés débiteurs des juifs. Lorsque les historiens du 18ème siècle ont commencé à examiner les anciennes archives sous un nouvel angle critique, certains se sont risqués à des hypothèses controversées : les crucifixions présumées d'enfants chrétiens ne semblaient avoir lieu que lorsque les rois manquaient d'argent". L'accusation immonde contre des hommes intègres est répétée par le juif Hyamson (*History of the Jews in England*, édition de 1928, p. 21), qui écrit : "On a également souligné que l'Accusation de sang était faite en règle générale à un moment où le Trésor royal avait besoin d'être réapprovisionné".

Nier que les cas de Saint-William de Norwich et de Saint-Hugh de Lincoln étaient des meurtres rituels juifs, c'est accuser certains rois anglais, certains clergés anglais et certains administrateurs anglais, connus pour être des hommes de bonne moralité, d'assassiner et de torturer des juifs pour obtenir leur argent, après les avoir accusés de crimes horribles. Dans le cas de Saint-Hugh, la sentence était juridique ; dans le cas de Saint-William, la foule a pris les choses en main, le shérif ne voulant prendre aucune mesure.

Vous, qui croyez-vous -- les juifs ou les Anglais ?

"Il est difficile de refuser tout crédit à des histoires si circonstancielles et si fréquentes". Ainsi le dit *Social England* concernant les meurtres rituels en Angleterre, vol. I, p. 407, 1893, édité par H. D. Traill.

Un fait important est que le *Dictionary of Dates* de Haydn, au moins jusqu'en 1847, a cité les meurtres rituels dans *Norman et Plantagenet England* comme des faits incontestés. Dans les éditions ultérieures dans les années soixante, toute mention de ceux-ci a disparu ! Nous pouvons supposer que le pouvoir de l'argent juif a commencé à donner des ordres à la presse en Angleterre quelque part dans les années cinquante du siècle dernier.

Chapitre 8

Cas bien authentifiés au début du Moyen Âge
1171 à 1510

DANS ce chapitre et dans les chapitres suivants, je place des descriptions de cas dans l'ordre chronologique, pour lesquels il me semble n'y avoir aucune raison de contester l'exactitude historique des faits donnés. Dans ce chapitre, je rapporte ces cas entre 1171 et 1510 inclusivement ; et je voudrais attirer l'attention du lecteur sur la grande importance du meurtre de Saint-Simon de Trent en 1475 et du cas de Toledo en 1490 ; en fait, si le lecteur est l'un de ceux qui abordent le sujet en tant qu'incroyants, je recommande qu'il lise ce qui concerne ces deux cas en premier et ensuite les autres.

Les abréviations suivantes sont utilisées dans ce chapitre parmi les références aux autorités :

Magd. Cent., pour *Magdeburg Centuries* [les siècles de Magdebourg], une histoire protestante de l'Église chrétienne compilée à Magdebourg, 16ème siècle.

Chron. Hirsaug., pour *Chronieon Hirsaugiense*, une histoire produite par Abbot J. Trithemius, 1514.

Cosm. Munst., pour *Cosmographia Universalis* de Sebastian Munster, 1544.

Spec. Vine, pour le *Speculum Historiale* de Vincent de Beauvais, du 13ème siècle.

1171   *Blois, France.* À Pessa'h, un enfant chrétien a été crucifié, son corps vidé de son sang et jeté dans la rivière. Un certain nombre de juifs ont été exécutés. Autorité : *Monumenta Germaniae Historica*, VI, 520 ; *Magd. Cent.*, 12, c. 14 et 13, c. 14.

1179   *Pontoise.* Les autorités pour ce cas sont les Bollandistes (*Acta*, Vol. Ill, March, 591) ; *Magd. Cent.*, 23, c. 14 ; *Spec. Vine*, 129, c.

25 ; et *Cosm. Munst.*, 23, c. 14. Un garçon nommé Richard a été torturé, crucifié et saigné à blanc. Les aumôniers et historiens de Philip Augustus, Rigord et Guillaume l'Armoricain, ont témoigné de cette affaire. Le corps du garçon a été emmené à l'Église des Saints-Innocents à Paris et il a été canonisé comme Saint-Richard.

Sous la date 1080, le *Dictionary of Dates* de Haydn, 1847, p. 282, dit : "En pensant invoquer la pitié divine, lors d'une célébration de Pessa'h, ils (les juifs) sacrifient un jeune homme, fils d'un riche négociant à Paris, meurtre pour lequel tous les criminels sont exécutés et tous les juifs bannis de France."

1192 *Braisne.* Philip Augustus a assisté personnellement à cette affaire et a brûlé les criminels. C'était un cas de crucifixion d'un chrétien vendu aux juifs par Agnès, Comtesse de Dreux, qui l'avait jugé coupable d'homicide et de vol. Autorité : *Histoire des Ducs et Comtes de Champagne*, IV, 1ère partie, p. 72, Paris, 1865, par A. de Jubainville ; *Spec. Vine*, 129, c. 25 ; *Gaguin*, L. 6, *De Francis* ; *Magd. Cent.*, X2, c. 14, col. 1670.

1235 *Fulda, Hesse-Nassau.* Cinq enfants assassinés ; les juifs ont avoué sous la torture, mais ont déclaré que le sang était recherché à des fins curatives. Frédéric II leva les soupçons qui pesaient sur les juifs, mais les Croisés s'étaient déjà occupés d'un certain nombre d'entre eux en les mettant à mort. Frédéric II convoqua un certain nombre de juifs convertis, qui ont nié l'existence d'un meurtre rituel juif. Mais le parti pris de Frédéric est évident dans ses propos quand, en publiant sa décision, il montre ses objectifs lorsqu'il parle de ces gens, "bien que notre conscience considère l'innocence des juifs susmentionnés prouvée adéquatement par plusieurs écrits". Si Frédéric II vivait aujourd'hui, il aurait peu compté sur la littérature religieuse pour décider si le meurtre rituel juif existe ou non. Autorité : *Chron. Hirsaug.*, et *Magd. Cent.*, 13, c. 24.

1247 *Valreas, France.* Juste avant Pessa'h, le corps d'une fillette de deux ans a été retrouvé dans la douve de la ville avec des plaies sur le front, les mains et les pieds. Les juifs ont avoué sous la torture qu'ils voulaient le sang de l'enfant, mais ils n'ont pas dit que c'était à des fins cérémonielles. Le pape Innocent IV a dit que trois juifs ont été exécutés sans confesser, mais le *Jewish Fncyclopadia*, 1903, vol. Ill, p. 261, dit qu'ils ont avoué.

1250   *Saragosse*. Un garçon crucifié, ensuite canonisé comme Saint-Dominiculus. Pie VII, le 24 novembre 1805, a confirmé un décret de la Congrégation des Rites du 31 août, concernant cette canonisation.

1261   *Pforzheim, Baden*. Une vieille femme a vendu une fille de sept ans aux juifs, qui l'ont saignée, l'ont étranglée et ont jeté le corps dans la rivière. La vieille femme a été reconnue coupable par le témoignage de sa propre fille. Un certain nombre de juifs ont été condamnés à mort, deux se sont suicidés. Autorités : Bollandistes, *Acta*, Vol. II, p. 838 ; Rohrbacher, *L'histoire universelle de l'Église catholique*, vol. XVIII, pp. 697-700 ; Thos. Cantipranus, *De ralione vitae*, Vol. II, xxix. L'enfant fut canonisé comme Saint.

1287   *Berne*. Rudolf, un garçon, a été assassiné à Pessa'h dans la maison d'un riche juif appelé Matler. Les juifs ont avoué qu'il avait été crucifié ; beaucoup ont été mis à mort. Le garçon a été canonisé en tant que martyr, et son nom peut être trouvé dans plusieurs martyrologies. Autorités documentaires : Bollandistes, *Acta*, Vol. II, avril ; *Helvetia sancta* (H. Murer) ; Karl Howald, *Die Brunnen zu Bern*, 1848, p. 250 ; *Cosm. Munst.*, 13, p. 482. Mais un monument de pierre existe toujours à Berne commémorant le crime. Il s'appelle The Fountain of the Child-Devourer, et est maintenant sur la Kornhausplatz. Il représente un monstre, avec un visage juif, en train de manger un enfant. La figure porte le *Judenhut*, le

chapeau prescrit pour les juifs à porter par décret du quatrième Conseil de Latran en 1215. Ce monument a d'abord été placé dans une rue du quartier des juifs pour rappeler le crime monstrueux et comme punition pour l'ensemble des juifs de Berne. Plus tard, il fut placé à sa position actuelle.

1288 *Troyes, France.* Certains juifs ont été jugés pour un meurtre rituel et 13 ont été immolés. Autorité : *Jewish Encyclopedia*, 1906, vol. XII, p. 267.

1286 *Oberwesel, sur le Rhin.* Un garçon nommé Werner a été torturé pendant trois jours à Pessa'h, pendu par les jambes et saigné à blanc. Le corps a été retrouvé dans la rivière. Ce garçon a été béatifié dans le diocèse de Trèves, et son anniversaire est le 19 avril. Une représentation sculptée de ce meurtre rituel peut encore être vue dans l'église d'Oberwesel. Autorités : Aventinus, *Annals of Bavaria*, 1521, 17, p. 576 ; *Chron. Hirsaug., Magd. Cent.*, 13, c. 14.

1462 *Rinn, Innsbruck.* Un garçon appelé Andreas Oxner a été acheté par les juifs et sacrifié pour son sang sur une pierre dans la forêt. Le corps a été trouvé par sa mère dans un bouleau. Aucun juif n'a été appréhendé parce que, la frontière étant proche, ils avaient fui lorsque le crime a été signalé. L'abbé Vacandard, défenseur des juifs, dit qu'il n'y a pas eu de procès. Évidemment, bien sûr, qu'il n'y en a pas eu. Même en 1937, il n'y a pas de procès pour un crime où les criminels se sont échappés ! Le garçon a été sanctifié par le pape Benoît XIV dans sa Bulle *Beatus Andreas*, Venise, 1778, qui dit qu'il a été "cruellement assassiné par les juifs par haine de la foi en Jésus-Christ". Cette dernière assertion est admise par le pape Clément XIV, qui a écrit son rapport sur l'enquête qu'il a faite sur le sujet des meurtres rituels juifs lorsque, comme le cardinal Ganganelli, il avait été chargé par le pape Benoît XIV d'aborder la question ; et dans ce rapport, il dit : "J'admets la vérité d'un autre fait, qui s'est produit en l'an 1462 dans le village de Rinn, dans le diocèse de Brixen, en la personne du Saint-Andreas, un garçon assassiné de façon barbare par les juifs par haine de la foi en Jésus-Christ". Personne ne se préoccupe du fait historique de cette affaire. Une gravure sur bois représentant le meurtre rituel existe encore dans l'église.

1468   *Sepulveda, Ségovie, Espagne.* Les juifs ont sacrifié un enfant chrétien sur une croix. L'évêque de Ségovie a enquêté sur le crime et a ordonné que les coupables soient envoyés à Ségovie, où ils ont été exécutés. Il est important de savoir que cet évêque était lui-même fils d'un juif converti ; Jean d'Avila était son nom. *L'histoire de Ségovie* de Colmenares rapporte les faits de l'affaire, qui a été juridiquement déterminée par un homme de sang juif. C'est peut-être la raison pour laquelle on ne trouve aucune mention dans le livre de Strack en défense des juifs, *The Jew and Human Sacrifice*.

1475   *L'affaire de Saint-Simon de Trente.* En 1475, un garçon de trois ans nommé Simon a disparu dans la ville italienne de Trent ; les circonstances étaient telles que les soupçons se portèrent sur les juifs. Dans l'espoir de détourner ce soupçon, ils ont eux-mêmes "trouvé" le corps de l'enfant dans un conduit où ils ont ensuite avoué l'avoir jeté. L'examen du corps, cependant, a révélé que le garçon n'avait pas été noyé ; il y avait des blessures étranges sur le corps, circoncision et crucifixion. Environ sept juifs ont été arrêtés ; ils ont été torturés et ont avoué que le garçon avait été rituellement assassiné dans le but d'obtenir du sang chrétien pour le mélanger au pain rituel sans levain ; ces confessions ont été faites séparément et ont été convenues dans tous les détails essentiels. Les juifs ont été jugés et ont finalement été exécutés. L'officier chargé de l'enquête sur le crime, Jean de Salis de Brescia, avait devant lui un juif converti, Jean de Feltro, qui décrivait comment son père lui avait dit que les juifs de sa ville, Lanzhut, avaient tué un enfant à Pessa'h pour obtenir le sang qu'ils utilisaient dans la préparation du vin et des gâteaux.

Personne n'a jamais osé essayer de nier les évènements historiques de cette affaire ; seuls les juifs inventent des "raisons" justifiant qu'il ne s'agissait pas de meurtres rituels ! Mais il n'y a pas d'échappatoire à la conclusion inverse. En 1759, en réponse à un appel juif de Pologne, l'Inquisition envoya au cardinal Ganganelli (plus tard il devint le pape Clément XIV) pour enquêter et faire rapport sur l'ensemble du sujet, en se référant particulièrement aux nombreux cas alors signalés en Pologne ; bien que cet homme ait fait preuve d'un esprit partial en faveur des juifs (dans son rapport, il dit : "Avec mes faibles facultés, *j'ai essayé de démontrer l'inexistence du crime* imputé à la nation juive en Pologne," ce n'est guère l'esprit à avoir pour entreprendre une telle enquête !), il a dit de cette affaire de Trent (voir le rapport du cardinal Ganganelli, dans *The Ritual Murder Libel and the Jew* de C. Roth, 1935 3 p. 83) : "J'admets alors comme vrais les faits de Saint-Simon, un garçon de trois ans, tué par les juifs à Trente en 1475 par haine de la foi en Jésus-Christ (bien qu'il soit contesté par Basnage et Wagenseil), car le célèbre Flaminio Cormro, un sénateur vénitien, dans son travail *On the Cult of the Child St. Simon of Trent* (Venise, 1753) dissipe tous les doutes soulevés par les critiques susmentionnés.

Les juifs essayent de jeter le discrédit sur les juges qui ont condamné les meurtriers juifs en citant le pape Sixte IV qui a refusé de sanctionner le culte de Saint-Simon ; mais la raison en était que le culte n'était alors pas autorisé par Rome, mais était un mouvement populaire sans autorité et contraire à la discipline de l'Église ; *ce même pape a ensuite exprimé son approbation du verdict sur les juifs* dans la Bulle papale XII Kal. Juillet 1478.

Nous avons non seulement le témoignage sur l'exactitude des procédures de Sixte IV ; mais aussi celui de plusieurs autres papes ; comme Sixtus V, qui a régularisé le culte populaire de Saint-Simon en le ratifiant en 1588, tel que cité par Benoît XIV dans le Livre I, Ch. xiv, n° 4 de son ouvrage *On the Canonisation of the Saints* ; aussi par ce même pape Benoît XIV dans sa Bulle *Beatus Andreas* du 22 février 1755, dans laquelle il ratifie Simon en tant que Saint, un fait omis des arguments de cet avocat pour les juifs, Strack (*The Jew and Human Sacrifice*) ; Grégoire XIII reconnut Simon comme un martyr, et a même visité le sanctuaire ; et, comme déjà indiqué, Clément XIV a été obligé de reconnaître qu'il s'agissait d'un cas de meurtre juif par haine du christianisme.

Le sanctuaire de Saint-Simon est dans l'église de Saint-Pierre, à Trent ; des reliques de lui sont encore montrées, parmi lesquelles le couteau sacrificiel.

En bref, le meurtre rituel de Saint-Simon à Trent est soutenu par tant de preuves que ceux qui en doutent condamnent ainsi sans raison de hautes autorités juridiques et ecclésiastiques dont la probité et l'intelligence n'ont absolument aucune raison d'être contestées.

1480   *Venise.* Ce cas, tel qu'il est admis dans le *Jewish Encyclopaedia*, 1906, vol. XII, p. 410, a été réglé par procès. Trois juifs ont été exécutés.

1485   *Padoue, Italie.* La victime dans cette affaire a été canonisée comme Saint-Lorenzino, le pape Benoît XIV la mentionnant comme martyr dans sa Bulle *Beatus Andreas*. Cette affaire a été attestée par la Cour épiscopale de Padoue.

1490   *Tolède.* C'est un cas très important dont les circonstances nous ont été clarifiées par W.T. Walsh dans son livre intéressant sur *Isabella of Spain*, 1931 (Sheed & Ward), dans lequel il consacre les pp. 441 à 468 à ses recherches sur cette accusation de meurtre rituel. Sans M. Walsh, j'aurais pu être influencé par la déclaration du *Jewish Encyclopedia* (1903, Vol. III, p. 262) selon laquelle "les historiens modernes nient même qu'un enfant ait disparu" dans cette affaire ! Des efforts acharnés ont été faits par Loeb et H. C. Léa pour dégager les juifs de la culpabilité de ce meurtre ; ainsi que par l'abbé Vacandard. Walsh montre que le 27 octobre 1490, un juif nommé Yuce a avoué avoir assisté à la crucifixion d'un garçon appelé Christopher à La Guardia, près de Tolède. Il a fait cette confession sans l'"aide" de la torture ; il n'en a même pas été menacé durant toute l'année qui a suivi sa confession. Le 19 juillet 1491, l'immunité de punition fut promise à Yuce et il décrivit toute la crucifixion et il donna les noms de ses complices. Le 25 octobre 1491, un jury, composé de sept spécialistes réputés concernant la Renaissance qui occupaient les chaires de l'Université de Salamanque, a examiné l'affaire et les sept spécialistes ont été unanimes dans leur accusation contre Yuce qui fut reconnu coupable. Ce n'est qu'après ça que Yuce fut soumis à la torture. Cette torture fut utilisée pour lui faire dire pour quelle raison le garçon Christopher avait été crucifié au lieu d'être tué d'une autre manière ; mais aucune question "tendancieuse" n'a été utilisée lors de l'interrogatoire. Après cela, l'affaire est passée devant un deuxième jury de cinq savants d'Avila, qui ont examiné les éléments de preuve concernant les complices de Yuce, qui avaient été arrêtés et interrogés ; ils les ont déclarés à l'unanimité coupables. Huit juifs (certains Marranes, ou prétendus convertis au christianisme) ont été exécutés.

Écrivant à propos des efforts employés pour discréditer le procès dans cette affaire, Walsh dit (p. 464) : "Devons-nous supposer qu'ils (les deux jurys lettrés) étaient tous des fanatiques meurtriers, prêts à sacrifier des hommes innocents et que le Dr Loeb, le docteur Léa, et du côté catholique, un abbé Vacandard, un peu trop crédule, étaient mieux qualifiés pour peser les preuves après quatre siècles ?"

Walsh n'est pas un "antisémite". C'est un historien, et il n'a pas suggéré que le meurtre rituel fait partie d'une cérémonie juive *officielle*. Mais il dit : "L'historien, loin d'être obligé de mettre dans le même sac tous les juifs accusés de meurtre, est libre, en fait, de considérer individuellement le fond de chaque cas".

Walsh affirme (p. 441) que cette affaire de meurtre rituel était "l'un des principaux facteurs, sinon le facteur décisif, dans la décision de Fernando et Isabel" (pour l'expulsion des juifs d'Espagne). Il montre que le témoignage complet du procès de l'un des accusés était disponible depuis sa publication en 1887 dans le *Bulletin of the Royal Academy* de Madrid (Vol. XI, p. 7-160), à partir du manuscrit original. (C'était évidemment avant la Révolution rouge !)

Walsh accuse Léa, l'auteur pro-juif, de malhonnêteté intellectuelle (p. 628) qui écrit dans son *Inquisition in Spain*, pour dénoncer les hommes influents qui étaient des jurés dans cette affaire :

> Si les Inquisiteurs ont envoyé huit hommes à une mort honteuse sans être convaincus au-delà de tout doute raisonnable de leur culpabilité, le verdict honnête de l'histoire ne peut pas s'abstenir de retrouver non seulement Torquemada et ses juges, mais aussi le roi Fernando et la reine Isabel, le cardinal Mendoza et plusieurs des professeurs les plus illustres de l'Université de Salamanque coupables de complicité dans l'un des meurtres judiciaires les plus brutaux enregistrés. (Walsh, p. 442.)

Ceux qui s'abstiennent d'accuser les juifs de la pratique de meurtre rituel condamnent ainsi certains des plus célèbres personnages de la scène de l'histoire européenne.

Enfin, nous devons noter que le garçon assassiné a été canonisé en tant que Saint-Christophe sous l'autorité du pape Pie VII.

1494   *Tyrnau, Hongrie.* Un garçon a été saigné à blanc et tué. Les coupables juifs ont été trahis par la confession de femmes, qui ont été persuadées de le faire par la présence de certains instruments de torture qui ne leur a pas été appliquée. Les juifs, arrêtés après cette confession, ont eux-mêmes avoué que c'était le quatrième enfant qu'ils avaient tué pour le sang, mais ils ont dit qu'ils voulaient cela à des fins médicales. Autorité : Bollandistes, *Acta*, avril, vol. II, 838.

1510   *Brandebourg.* Plusieurs juifs ont été accusés à Berlin d'avoir acheté un petit garçon chrétien, le saignant et le tuant. Ils ont avoué, et 41 furent exécutés. Autorités : Richard Mun, *Die Juden in Berlin*; Sir Richard Burton, *The Jewish, The Gypsy et El Islam*, 1898, p. 126.

Chapitre 9

Cas bien authentifiés aux 17ème et 18ème siècles

NATURELLEMENT, on peut s'attendre à un certain nombre de cas prononcés juridiquement.

1603   *Vérone*. Un juif a été jugé pour le meurtre d'un enfant afin d'obtenir son sang dans un but infâme. Il a été acquitté. La sentence de l'acquittement, datée du 28 février 1603, intégralement rapportée dans *The Ritual Murder Libel and the Jew* (p. 78) du juif Roth, a libéré l'accusé "parce que le rite hébraïque abhorre l'effusion de sang" et "divers princes considèrent cette rumeur de l'usage du sang comme étant vaine et fausse." Nous considérons que ce raisonnement absurde comme excuse pour l'acquittement est une preuve évidente que la Cour a été achetée.

1670.   *Metz*. Comme il s'agissait d'une affaire très solidement établie, on ne la trouve pas dans le livre de Strack pour la défense des juifs ! Une mère a perdu son garçon de trois ans sur le chemin d'un puits. Le garçon portait un chapeau rouge, et les témoins l'ont vu être emporté par un juif à cheval. Ce juif était Raphaël Levi. Au début, le corps du garçon ne pouvait pas être retrouvé. Les juifs, commençant à s'affoler, propagent la rumeur selon laquelle les loups doivent l'avoir tué dans la forêt. La forêt a été fouillée et finalement la tête, le cou et les côtes d'un garçon ont été trouvés, ainsi que des vêtements qui ont été identifiés comme ceux du garçon disparu, le chapeau rouge et le reste, par le père du garçon. Mais comme ces vêtements n'étaient ni déchirés ni sanglants, on conclut que l'histoire du loup était un "subterfuge", puis des témoins qui avaient vu Raphaël Levi avec le garçon à tel endroit et à tel moment finit par enlever tout doute sur sa culpabilité. Lévi a été condamné à mort par l'ordre du Parlement de Metz et a été brûlé vif. Autorité : *La France Juive*, de Drumont.

1698   *Sandomir, en Pologne.* Autorité : le juif Cecil Roth, dans *Ritual Murder Libel and the Jew*, p. 24. Le plus haut tribunal du pays, celui de Lublin, a condamné un juif pour meurtre rituel, le tribunal local l'ayant disculpé.

1748   *Duniagrod, Pologne.* Juifs condamnés pour le meurtre rituel par la Cour épiscopale. Mentionné par Roth.

1753   *Pavalochi, Pologne.* Juifs condamnés pour le meurtre rituel par la Cour épiscopale. Mentionné par Roth.

1753   *Zhytomir, Pologne.* Dans cette affaire, un garçon de trois ans a été assassiné ; les juifs ont été jugés par la Cour épiscopale de Kiev et condamnés à mort. Une peinture censée commémorer ce meurtre est même visitée par des pèlerins au monastère chartreux à Kalwarya près de Cracovie. Autorité : le juif Cecil Roth, dans *Ritual Murder Libel and the Jew*, p.25.

Bien sûr, le juif Roth nie que les cas cités étaient des meurtres rituels.

Chapitre 10

Cas bien authentifiés au 19ème siècle

PARMI ceux-ci, il y a les célèbres affaires à Damas, en 1840 ; à Tiszaeszlár, 1882 ; et à Polna, en 1899. Au cours de ce siècle, le pouvoir de l'argent juif avait obtenu le contrôle des finances de nombreux pays européens et le lecteur verra par lui-même comment il était exercé sur les dirigeants, les gouvernements, les tribunaux et l'"opinion publique" chaque fois que l'Accusation de sang était portée contre les juifs.

1823 *Velisch, Russie.* Au dimanche de Pâques, un garçon de 2 ans et demi a disparu. Son corps a été retrouvé dans un marais une semaine plus tard ; il y avait des blessures perforées dans tout le corps et la peau était scarifiée. Il y avait des blessures de circoncision; les pieds étaient sanglants et un bandage avait été attaché autour des jambes. Le corps avait été déshabillé, lavé et habillé de nouveau. Nul sang n'a été trouvé près du corps, qui a été drainé de son sang. Les médecins ont témoigné sous serment que l'enfant avait été torturé à mort. Quelques années plus tard, cinq juifs ont été arrêtés ensemble avec trois femmes russes devenues juives ; ces trois femmes ont avoué qu'elles avaient, une semaine avant la Pessa'h en 1823, été soûlées par une juive qui tenait une auberge et que celle-ci avait soudoyé l'une d'entre elles pour se procurer un garçon. Une de ces juives converties a décrit comment le garçon avait été circoncis par la force par les juifs et roulé dans un baril jusqu'à ce que sa peau soit éraflée de partout. Le garçon avait été emmené à l'école où un certain nombre de juifs étaient rassemblés, posé dans un abreuvoir, et toutes les personnes présentes avaient planté un clou sur le côté et les tempes. Quand, sous cette torture, le garçon est mort, son corps a été emmené dans un bois par deux des juives converties ; et la troisième femme a amené une bouteille du sang du garçon à l'aubergiste juive susmentionnée. Le lendemain, la femme du rabbin a amené les trois femmes à l'école où les juifs étaient rassemblés ; des bouteilles ont été remplies à partir de l'abreuvoir au moyen d'un entonnoir, et le Rabbi a plongé un clou dans le sang et en a laissé tomber un peu sur un certain nombre de morceaux de tissu, dont un morceau a été donné à toutes les personnes présentes. L'affaire est allée au Conseil impérial de Saint-Pétersbourg, tous les tribunaux inférieurs qui ont traité l'affaire ayant trouvé les juifs coupables. Le Conseil impérial a renversé le verdict et, le 18 janvier 1835, les trois femmes juives russes converties ont été envoyées en Sibérie alors que tous les juifs ont été acquittés du crime ! Autorités : Enregistré dans le *Jewish Encyclopaedia*, 1903, vol. Ill, p. 267 ; décrit dans *Der Stürmer*, mai 1934.

1831   *Saint-Pétersbourg*. La fille d'un sous-officier était la victime dans cette affaire. Il y avait cinq juges, dont quatre reconnaissaient le caractère rituel du meurtre. Les assassins juifs ont été transportés en Sibérie. Monniot dit que les faits de cette affaire ne sont pas contestés.

1840.   *Rhodes*. À la veille de Pourim, un petit garçon grec était porté disparu ; il avait été vu entrant dans une maison dans le quartier juif ; après cela, on ne l'a jamais revu. Il est intéressant de noter que l'époque de cet évènement était la même que dans le fameux cas de Damas. Yusuf Pacha, gouverneur de l'île, a pris des dépositions de témoins et [il fut] envoyé à Constantinople pour obtenir des instructions sur ce qu'il fallait faire ensuite. Pendant ce temps, "*à l'instigation du clergé grec et des consuls européens*" (admet le *Jewish Encyclopedia*, 1905, vol. X, p. 401), le quartier juif a été bloqué et les principaux juifs ont été arrêtés. Le consul autrichien, cependant, a soutenu les juifs, l'Autriche ayant besoin de prêts auprès des Rothschild. Mais "*en raison des efforts le Comte Camondo, Crémieux et Montefiore*" (pour citer encore une fois le *Jewish Encyclopedia*) "un firman a été obtenu du Sultan qui a déclaré toutes les accusations de meurtre rituel nulles et non avenues". Les juifs ont été libérés ! Bon, Camondo, Crémieux et Montefiore étaient tous de riches juifs. Crémieux et Montefiore figurent dans l'affaire de Damas. Le Comte Camondo "a exercé une si grande influence sur les sultans Abd-al-Majid et Abd-al-Aziz et sur les Grands Vizirs et les ministres ottomans que son nom est devenu proverbial. Il était banquier auprès du gouvernement ottoman..." (Tout cela provient du *Jewish Encyclopedia*, 1903, vol. III, p. 521). Il ne fait aucun doute que les procédures dans cette affaire ont été arrêtées par la force du pouvoir de l'argent juif, malgré tous les efforts du "clergé grec et des consuls européens". Autorités : M. P.N. Hamont dans *Egypt under Mehemet Ali*, et *Jewish Encyclopaedia* citée.

1840. *L'affaire Damas*. Cette affaire, maintenant complètement oubliée par la démocratie, a convulsé l'Europe pendant un temps considérable en raison de l'agitation induite par le pouvoir de l'argent juif qui a remué ciel et terre pour dénaturer et vilipender les personnes responsables de traduire les juifs en justice.

Achille Laurent, membre de la Société Orientale, a rassemblé les détails complets du procès des coupables comme indiqué dans les journaux arabes à l'époque, et il a publié tous les faits de l'affaire dans *Relation historique des Affaires de Syrie*, 1840-1842 (Récit historique des affaires syriennes, 1840-1842), qui a été produit en France, en 1846, sous forme d'un Livre jaune en deux volumes.

La fête juive de Pourim tombait le 15 février 1840. Le père Thomas, un moine catholique, a disparu à Damas le 5 février. Son domestique est parti à sa recherche et lui aussi a disparu.

Le consul français, Comte Ratti-Menton, a commencé à se renseigner et a demandé au Sherif Pacha d'enquêter. Au bout d'un certain temps, sept juifs furent arrêtés, ils ont avoué, après avoir reçu un châtiment avec une bastonnée, avoir assassiné le père Thomas pour son sang. Il fut promis à quatre d'entre eux le pardon s'ils disaient la vérité ; il s'agissait de Mousa Abou-el-Afieh, qui s'est converti à l'islam, expliquant que cela était nécessaire afin qu'il puisse avouer les crimes d'autres juifs ; Aslan Farkhi ; Suliman, un barbier ; et Mourad el Fathal. Ils ont avoué la totalité [de leur crime]. Seize juifs étaient impliqués et tous ont été arrêtés.

Plusieurs des juifs, y compris Mourad el Fathal, Mousa Abou-el-Afieh, Isaac Atari et Aaron Arari, ont décrit comment le sang était cherché et recueilli à partir de la gorge coupée de la victime, puis envoyé à un Rabbin afin d'être utilisé dans la préparation du pain cérémonial (pains azymes).

Le grand rabbin dut comparaître devant la Cour d'enquête ; il s'appelait Yakub el Entabi. Il a dû écouter attentivement l'interrogatoire de Mousa Abou-el-Afieh, puis les réponses de ce juif et a dû confirmer ou nier chaque déclaration faite par Mousa. De cette façon, le rabbin a admis que le pain de cérémonie exigeait du sang. Il a également avoué avoir reçu le sang du père Thomas.

Selon la coutume turque, la bastonnade était appliquée à volonté pour faire parler les juifs. Le pouvoir de l'argent juif s'est efforcé de faire croire au monde que ce n'était que la torture qui permettait d'obtenir les confessions d'hommes innocents.

Malheureusement pour le pouvoir de l'argent juif, l'une des questions posées portait sur l'endroit où les restes du père Thomas avaient été jetés ; et les restes *furent* trouvés où les prisonniers ont dit qu'ils étaient, c'est-à-dire dans un conduit couvert. Ces restes ont été identifiés par les médecins européens comme étant ceux du père Thomas.

En outre, les misérables ont avoué s'être occupés du serviteur du père Thomas de la même manière, c'est-à-dire en lui coupant la gorge, en recueillant son sang et en jetant les restes, cette fois dans une latrine.

Quelle que soit la quantité de bastonnade ou de torture, cela ne pouvait arracher à un homme innocent l'aveu de l'endroit où se trouvaient les restes d'une victime de meurtre.

Nous épargnons au lecteur les détails néfastes du crime selon les confessions et les aveux des meurtriers juifs dépravés ; de longs extraits des procès peuvent être obtenus dans le livre français suivant : *Le crime rituel chez les juifs*, par A. Monniot, préfacé par le célèbre Édouard Drumont, 1914, de P[ierre] Tequi, 82, rue Bonaparte, Paris, prix 10 francs. Ce livre montre que les confessions faites par les coupables se recoupent dans les moindres détails et que les questions auxquelles ils devaient répondre n'étaient pas des "questions orientées".

Quatorze juifs furent reconnus coupables, dix ont été condamnés à mort, deux étant déjà morts.

Notre entreprise n'est pas d'horrifier mais d'exposer les méthodes de l'intrigue juive et de la corruption qui ont été utilisées pour cacher la culpabilité des coupables par peur de la réaction naturelle des Gentils aux faits, s'ils venaient à être connus.

Dès que les premiers rapports de l'affaire ont atteint l'Ouest de l'Europe, le pouvoir de l'argent juif s'est levé comme un seul homme pour tenter de couvrir les traces *évidentes* laissées par d'*évidents* criminels. L'argent peut, comme nous le savons trop bien, faire des miracles sur une démocratie, ainsi que sur les résultats et la politique des potentats de l'Est (et hélas ! Souvent aussi, occidentaux).

Il sera peut-être préférable de traiter chacune de ces questions séparément :

1. *L'agitation de la presse.* Ligne classique de défense juive ; le meurtre rituel était "une invention de Gentils" ; le Comte Ratti-Menton, le consul français, qui avait soutenu l'enquête, a été attaqué de tous les côtés ; "les juifs étaient persécutés", etc., etc.

2. *Agitation via des réunions publiques.* Par exemple, à Londres, la démocratie crédule a été incitée à assister en masse à un grand rassemblement à la Mansion House à Londres, pour dénoncer l'Accusation de Sang à propos de laquelle ils ne connaissaient rien et à offrir aux juifs la sympathie de la Nation Britannique ! Paris, New York, Philadelphie et d'autres villes ont fait de même !

3. *Corruption du Khédive d'Égypte par l'argent.* Les riches juifs, Moïse Montefiore en Angleterre, Crémieux et Munck en France, sont partis à toute vitesse vers l'Est. Ils ont sollicité auprès du Khédive d'Égypte, dont le régime comprenait Damas, une révision de la sentence. Celui-ci s'est vu offrir, et il a accepté, une énorme somme d'argent et il a libéré les juifs condamnés.

Notez le résultat. Les juifs ont proclamé partout que le Khédive avait inversé le verdict ! *Il n'avait rien fait de tel. Il n'y a pas eu d'inversement et pas de nouveau procès.* Les mots du firman du Khédive qu'il a publié pour libérer les meurtriers juifs révèlent toute la chose :

> À partir du récit et de la demande de MM. Moses Montefiore et Crémieux, qui sont venus chez nous en tant que délégués de tous les Européens qui professent la religion de Moïse, nous avons reconnu qu'ils désiraient la libération et la sécurité des juifs qui ont été détenus ou qui

ont pris la fuite en cas d'examen dans l'affaire du père Thomas, moine, disparu à Damas et son serviteur, Ibrahim.

Et comme, en raison de leur population nombreuse, il ne serait pas convenable de refuser leurs revendications et leur requête, nous ordonnons que les prisonniers juifs soient libérés et que la sécurité des fugitifs soit assurée pour leur retour. Et vous prendrez toutes les mesures possibles pour qu'aucun ne soit mal traité et qu'ils soient laissés tranquilles partout. Telle est notre volonté. Mehemet Ali.

Il a relâché les juifs en raison du nombre de juifs dans la population... et sans doute de l'argent reçu. Il connaissait leur culpabilité et ne l'a jamais niée. Pourtant, le *Jewish Encyclopedia* (1903, vol. IV, p. 420) s'aventure réellement à affirmer que les trois riches juifs ont reçu en garantie du Khédive une "reconnaissance de l'innocence" des condamnés. Le prix du Khédive pour les avoir libérer est estimé à un demi-million de piastres. Un rabbin converti, Chevalier P.L.B. Drach, a écrit dans son ouvrage *The Harmony between the Church and the Synagogue* (1844, Paris, p. 79) : "L'argent a joué un rôle important dans cette affaire."

4. *Corruption du sultan*. Après avoir remporté le premier round avec le Khédive, le juif Montefiore est allé voir le sultan de Turquie et a reçu de sa part la garantie d'un décret que l'Accusation de sang était sans fondement et que les juifs devaient désormais être sur un pied d'égalité avec les non-musulmans dans les états du sultan. Le prix à payer était un énorme pot-de-vin de la Maison de Rothschild.

Le firman du sultan Abd-ul-Mejid a dit "qu'un examen approfondi des livres religieux des hébreux a démontré l'interdiction absolue de l'utilisation du sang humain ou animal dans tous leurs rites religieux. Il ressort de cette défense que les accusations portées contre eux et leur religion sont des calomnies." Ceci, comme le montre le chapitre 3, n'est qu'un simple sophisme, mais encore en 1936, une Mlle C.M. Finn eut l'effronterie de présenter le firman comme "preuve" que l'Accusation de sang est fausse, ceci était dans une lettre au *Jewish Chronicle*, le 2 octobre 1936.

Les mots du firman sont cités dans le *Jewish Encyclopédia* Vol. I, p. 47 (1906).

Sur le chemin du retour, Montefiore a essayé d'obtenir une audience avec le pape, Gregory XVI, mais l'audience lui fut refusée.

Révélations d'un Goy-averti

5. *Tentative de corruption du consul français.* Le Comte Ratti-Menton, le consul français qui avait montré une telle détermination dans le traitement de ces meurtriers rituels, et qui était un homme très droit, a écrit au shérif Pacha le 22 avril pour dire que les juifs, par le biais du Consulat d'Autriche, lui avaient offert un demi-million de piastres pour que les preuves soient supprimées. Inutile de dire que lorsqu'il fut découvert que cet homme honorable était incorruptible, les défenseurs des juifs furent occupés, comme déclaré plus haut, à ternir sa réputation. Thiers, le ministre français des affaires étrangères, répondant aux attaques d'inspiration juive contre le consul français Ratti-Menton, a déclaré à la Chambre des députés le 3 juin 1840 : "Sachez, messieurs, je le répète, que dans toutes les chancelleries, les Israélites insistent sur cette affaire et notre consul ne peut s'appuyer que sur le ministre des affaires étrangères pour la France. Un agent français qui est dans son droit sera toujours protégé contre toutes les influences, quelles qu'elles soient." M. Thiers a également déclaré que l'officier supérieur du Comte, M. Cochelet, le consul pour l'Égypte, a approuvé l'action de son subordonné et que le consul anglais était du même esprit.

6. *Corruption des diplomates autrichiens.* Tout au long de la procédure, le consul autrichien a soutenu les juifs contre les accusations de meurtre rituel. Ici, la raison dûment avouée d'une source juive :

> Suite à la politique de la Maison [de Rothschild] dans d'autres pays, où elle a obtenu des privilèges pour les juifs en échange de prêts - à Rome, l'abolition du Ghetto, et en Angleterre, l'émancipation juive - Salomon [Rothschild] a obtenu de Metternich des concessions aux juifs dans la législation. C'est lui qui a influencé le Chancelier à prendre une position favorable dans l'affaire de l'Accusation de sang de Damas de 1840. (*The History of the Jews in Vienna*, par le juif, Max Grunwald, 1936, Philadelphie, pp. 228-9).

Voilà ; le pouvoir monétaire de Rothschild ; le chancelier autrichien, Metternich ; le consul autrichien à Damas ; l'attitude du consul face à l'accusation de meurtre rituel. Une chaîne continue de corruption juive par l'argent.

7. *Suppression des rapports du procès.* Nous avons déjà mentionné dans le deuxième paragraphe de cette description de l'affaire le procès-verbal du procès publié dans le livre d'Achille Laurent. Aujourd'hui, on ne peut

obtenir ce livre nulle part. Gougenot des Mousseaux, cependant, avait imprimé un compte rendu très complet du procès (tiré de Laurent) dans son travail *Le juif, le judaïsme et la judaïsation des peuples chrétiens*, une œuvre qui lui a valu l'éloge du pape Pie IX qui l'a fait Chevalier ; et une copie de celle-ci fut prêtée à l'auteur. Mais le livre de Gougenot des Mousseaux est maintenant très rare, et le Chevalier lui-même est mort subitement dans des circonstances mystérieuses neuf heures après avoir reçu une lettre d'avertissement. Monniot, dans un ouvrage mentionné dans la Bibliographie (p. 105), a cependant simplifié la lecture du procès pour quiconque désire en lire les détails.

Mais, le lecteur peut se demander, et le dossier officiel de l'affaire ? Ceci repose naturellement dans les archives du ministère français des affaires étrangères. Mais Desportes dans son *Mystère du Sang* a rapporté que sous le ministère Crémieux (un des juifs qui sont allés à l'Est pour soudoyer le Khédive pour libérer les assassins rituels de Damas), il a disparu (en 1870) ! Comme ce rapport a suscité des commentaires, la Chancellerie a fait une déclaration (5 mai 1892) selon laquelle c'était incorrect et que le dossier complet se trouvait au ministère. Quoi qu'il en soit, lorsqu'Albert Monniot, en 1913, souhaita consulter les documents lui-même pour l'aider à écrire son livre *Le crime rituel chez les juifs*, il constata qu'on lui refusait l'autorisation de les examiner. S'ils existent encore ou non, nous ne pouvons pas le dire ; tout ce que nous savons, c'est que les secrets du juif sont bien gardés. Mais pas assez bien, et j'espère que le lecteur en conviendra maintenant.

Sir Richard Burton, le grand explorateur et orientaliste, qui était consul anglais à Damas 30 ans après le meurtre rituel, a étudié toute la question de l'Accusation de sang et a finalement écrit le livre *The Jew, the Gypsy and El Islam*, dont je possède l'édition éditée par W.H. Wilkins et publiée par Hutchinson en 1898. Ce travail contient une incroyable mise en accusation du Talmud et une liste des meurtres rituels juifs, mais Wilkins dans sa préface (p. x) écrit : "Dans l'exercice de la discrétion qui m'est accordée, j'ai pensé qu'il valait mieux reporter pour l'heure l'annexe sur le rite présumé du Sacrifice Humain chez les Sépharades et le meurtre de Padre Tomaso (Père Thomas), la seule alternative était de le publier sous une forme incomplète.

Suivez donc (1) le Livre, (2) l'Annexe sur le meurtre rituel.

(1) Le livre. C'est facile. Il est presque impossible à obtenir.

(2) L'Annexe sur le meurtre rituel. Qu'est-ce qui lui est arrivé ? Voici ce qui lui est arrivé :

Voir *D. L. Alexander versus Manners Sutton*, King's Bench Division, 27 mars 1911, rapporté le lendemain dans *The Times*. Par la suite, D. L. Alexander, juif et président du Conseil des députés juifs, a pu montrer qu'il avait obtenu des exécuteurs testamentaires survivants de Sir Richard Burton la cession du manuscrit. Les exécuteurs l'ont vendu au libraire, qui, à son tour, l'a vendu à Manners Sutton ; et il (Sutton), n'étant au courant d'aucune cession, a pris des dispositions pour la publication de l'annexe. D. L. Alexander a intenté une action en justice pour empêcher cette publication, affirmant qu'il détenait les droits d'auteur et demandant à ce que le manuscrit lui soit livré. Le juif avait gagné son affaire.

Il ne reste plus qu'à dire que la pierre tombale du père Thomas dans le cimetière de Damas portait (et c'est en principe toujours le cas) l'inscription en arabe et en italien : "Ici repose les restes du père Thomas de Sardaigne, missionnaire capucin, assassiné par les juifs, 5 février 1840."

1852 et 1853   *Saratov*. Cette fois-ci, il s'agit de deux meurtres rituels : un garçon de 10 ans en décembre 1852, l'autre, 11 ans, en janvier 1853. Après une inondation, les deux corps ont été trouvés sur les berges de la Volga, percés de nombreuses blessures. Huit ans après, deux juifs, Schiffermann et Zourloff ont été dûment jugés pour ces meurtres et condamnés. Ils ont été condamnés à 28 ans de travaux forcés dans les mines et ils sont morts durant leur détention. Ceci, un cas juridiquement décidé, la peine qui avait été prononcée pour le "meurtre de deux garçons chrétiens et pour leur avoir fait endurer le martyr" par le Sénat et soumis au Conseil de l'Empire russe n'est évidemment pas mentionnée dans le livre de Strack ! Autorité : *Le crime rituel chez les juifs*, de Monniot 1914, p. 257.

1880   *Smyrne*. Beaucoup de juifs ont été massacrés après que le corps d'un enfant disparu ait été retrouvé, à Pessa'h, sur la plage couvert de plaies perforées. Autorité : *Moniteur de Rome* 15 juin 1883.

1882   *L'affaire de Tiszaeszlár en Hongrie.*

Il s'agit d'un cas du 19ème siècle, où les prisonniers ont dûment avoué et où, après de longues procédures, ils ont tous été acquittés à la suite de l'organisation du pouvoir monétaire juif.

Meurtre rituel juif – Arnold S. Leese

Esther Solymosl, âgée de 14 ans, a disparu le 1er avril ; le fils de cinq ans du sacristain juif a dit à certaines femmes que sa mère avait attiré la jeune fille dans leur maison, d'où elle avait était introduite dans les locaux de la synagogue par des juifs. Ce compte-rendu est arrivé aux oreilles de Mme Solymosi, la mère d'Esther, qui l'a immédiatement signalé à la police. Une enquête a été mise sur pied, le 19 mai, sous le Dr Josef Bary, et c'est en grande partie grâce à un livre écrit 50 ans plus tard par le Dr Bary, qui est devenu président de la Cour suprême de justice en Hongrie, que les faits de l'enquête furent dévoilés. Ce livre fait plus de 600 pages, et est intitulé, *A Tiszaeszlari Bunper* (Le procès pour meurtre de Tiszaeszlár). Ces faits peuvent également être vérifiés dans le journal du ministre hongrois de la justice de l'époque, Théodore Pauler, journal qui a été conservé au musée national hongrois.

Un autre fils du sacristain juif était Maurice Scharf, âgé de 14 ans. Il a admis qu'il avait vu à travers le trou de la serrure de la porte de la synagogue qu'Esther avait été assassinée par certains juifs et saignée à blanc, son sang étant recueilli dans un vase. On a constaté par vue oculaire sur place que l'endroit où ces évènements se seraient produits était effectivement à la vue de tous ceux qui regardaient à travers le trou de la serrure. Des témoins ont également déclaré qu'ils avaient entendu des cris venant de la synagogue le jour où la jeune fille avait été portée disparue.

Pour tester la véracité des dires du garçon de 14 ans, Maurice, le juge lui a dit que son récit ne pouvait être vrai car Esther était en vie ; le garçon a répondu que "*personne ne pourrait être encore vivant après avoir été coupé sur le cou comme ça*".

Un certain nombre de juifs ont été arrêtés et ont avoué qu'ils avaient participé au meurtre rituel d'Esther pour obtenir son sang pour Pessa'h.

On pourrait penser qu'il n'y aurait pas grand-chose de plus à ajouter.

Mais non ! Tout Israël s'est mis au travail avec son pouvoir de l'argent, et la presse de tous les pays d'Europe a été employée pour jeter la calomnie sur la Cour hongroise et sur la justice hongroise. Les procureurs ont été soudoyés et mis au travail pour discréditer l'honorable juge qui présidait à la Cour. Aucun moyen n'a été écarté, aucune sale action de corruption ne fut épargnée, pour vaincre le cours de la justice ; *et les juifs ont gagné*. Voici quelques-unes des méthodes mineures par lesquelles les juifs avec leur argent ont essayé de semer la confusion :

Révélations d'un Goy-averti

1. En payant les dettes ou en subornant les fonctionnaires.
2. En offrant à la mère d'Esther un pot-de-vin pour dire que sa fille était en vie quelque part ailleurs. Cela a été fait par le juif Reiszmann.
3. En essayant de voler les dossiers de la Cour de la Chambre du juge.
4. En modifiant la serrure de la synagogue, de sorte qu'il n'était plus possible de voir la place du meurtre en regardant à travers le trou de la serrure.
5. En diffusant des rapports selon lesquels Esther avait fui ; ou avait été noyée. Le juge d'instruction avait fait draguer la rivière sans résultat.
6. En s'arrangeant pour qu'un cadavre soit trouvé et "identifié" comme celui d'Esther. Le 18 juin, le corps d'une fille vêtu des vêtements d'Esther, bien trop petit à cette fin, a été retiré de la rivière Theiss par des draveurs juifs. La mère a nié que le corps était celui d'Esther, même si elle reconnaissait les vêtements d'Esther. Un comité d'experts a examiné le corps et a constaté que les cheveux et les sourcils avaient été rasés, manifestement pour dissimuler l'identité. Ils ont également constaté que le corps était celui d'une fille de 18 ans (Esther avait seulement 14 ans) et que la cause de la mort n'était pas la noyade mais la tuberculose. Il est devint si évident que le corps avait été "trouvé" pour servir un seul but, que les draveurs juifs furent interrogés ; et ils ont avoué qu'ils avaient récupéré le corps auprès d'un juif appelé Herschko, qu'il avait été vêtu des vêtements d'Esther, mis dans la rivière, puis "découvert" et amené sur le rivage.

On a aussi constaté que le corps n'avait pas pu être dans l'eau pendant quatre jours ; que le décès ne pouvait pas remonter à plus de 10 jours. Esther avait disparue depuis 78 jours.

Cependant, malgré toute cette exposition de corruption, la Cour s'est révélée pour ce qu'elle était, un groupe isolé dans une Europe hostile ; et les juifs ont tous été acquittés !

Puis, il a été constaté que, le 21 juillet 1883, le baron Bela Orczy, ministre hongrois, avait rendu visite au ministre de la justice Pauler et lui avait dit que Goldschmidt, le représentant de Budapest de Rothschild, avait exigé que les accusations soient retirées ! À cette époque, la conversion de la dette était une question sérieuse pour la Hongrie, et dépendait principalement du pouvoir de l'argent Rothschild. Plus tard, le baron Orczy a déclaré à Pauler que Goldschmidt exigeait en fait que les deux procureurs qui avaient rendu la condamnation des prisonniers impossible soient décorés !

Le genre de chose qui est allé à l'encontre de toutes les preuves s'explique par un exemple : en novembre 1882, un nouveau comité d'experts a été formé pour examiner de plus près le corps *trouvé dans la rivière cinq mois avant*, et ce comité a déclaré que les conclusions de l'ancien comité n'avaient aucune base scientifique, que le corps était celui d'Esther et que, comme la gorge n'était pas coupée, il ne pouvait pas s'agir d'un meurtre rituel !

Ainsi, finit un triste récit de la plus troublante fourberie juive pour permettre à quelques dégénérés misérables d'échapper à une punition bien méritée.

1891   *Xanten, Prusse*. Un garçon de cinq ans appelé Hegmann a été assassiné, sa gorge coupée et le corps vidé de son sang. "Le gouvernement a fait tout son pouvoir pour supprimer la rumeur" du meurtre rituel (*Jewish Encyclopedia*, Vol. I, p. 645). Le médecin qui a examiné le corps a dit (le 29 juin) que : "La trace de sang apparaît comme pour une saignée". Le 9 juillet, il s'est rétracté et a expliqué que son erreur était due à l'obscurité au moment de son examen ! Je pense qu'à ce moment-là, le lecteur devine ce qui s'est passé sur son compte bancaire entre le 29 juin et le 9 juillet. Le ministre de la Justice, de Schelling, était juif. Le meurtrier accusé de rituel juif, qui avait été arrêté, a été acquitté.

1899   *L'affaire Polna (Bohême)*.

Agnes Hruza, âgée de 19 ans, a été assassinée le 29 mars 1899. Le 1er avril, son corps a été trouvé dans un bois avec la tête presque séparée du corps. Malgré cette épouvantable blessure, il n'y avait pas de sang, bien que le corps lui-même, bien sûr, était pratiquement vidé de son sang.

Un homme appelé Peschak avait vu un juif Hilsner avec deux autres juifs le jour du meurtre à l'endroit où le corps a été retrouvé. Hilsner a été arrêté et jugé ; un autre témoin a témoigné qu'il avait vu le prisonnier venant de l'endroit où le corps a été retrouvé, le 29 mars, et qu'il était très agité.

La Cour, tout en reconnaissant que Hilsner devait avoir des complices, l'a trouvé coupable et l'a condamné à mort. Il a ensuite avoué, et a impliqué deux autres juifs, mais plus tard a rétracté ces déclarations, ainsi que ses confessions. Les deux hommes ont produit des alibis satisfaisants.

Par le pouvoir de l'argent juif et l'agitation qu'il a pu soulever, un nouveau procès a été ordonné. Pendant ce temps, le docteur Baxa, avocat de la mère de la fille assassinée, a, dans un discours prononcé dans le "Bohemian Diet", le 28 décembre, accusé le gouvernement de faire preuve de partialité envers les juifs dans la façon dont ils ont traité cette affaire.

Ensuite, on trouva le corps d'une autre fille, trop décomposé pour montrer la cause de la mort ; c'était le corps de Maria Klima, qui avait disparu le 17 juillet 1898. Hilsner a été accusé des deux meurtres lorsque l'affaire est revenue en novembre. Cette fois, un témoin a déclaré qu'au moment du premier meurtre, Hilsner avait un couteau d'abattoir rituel.

Le Dr Baxa a insisté sur le fait que c'était un cas de meurtre rituel. La Cour a jugé le détenu coupable, sans toutefois prétendre à des motifs rituels, et le prisonnier a été condamné à mort le 14 novembre 1900. Cependant, l'empereur est intervenu et la peine a été commuée en perpétuité.

L'avocat du prisonnier à ce procès était Masaryk, plus tard président de la République tchécoslovaque ; ce travail semble lui avoir été très utile dans sa vie d'après !

Hilsner a été libéré de prison par les marxistes lors des émeutes de 1918 ; il est mort quelques années plus tard.

Chapitre 11

Cas bien authentifiés au siècle présent

La plus connue est l'affaire Beiliss à Kiev, 1911-13. On remarquera qu'il y a plusieurs cas aussi en Allemagne à un moment où les juifs étaient le pouvoir suprême avant le succès d'Hitler.

1900   *Konitz, Prusse occidentale.* Un jeune de 19 ans, Ernst Winter, a été assassiné en mars. Son corps avait été démembré et certaines parties de celui-ci ont été trouvées dans différentes localités. Les coupables n'ont jamais été découverts, mais deux agents juifs ont reçu une peine de prison pour faux témoignage et pour subordination de témoins lors de l'enquête ! L'examen post-mortem a montré que la cause de la mort était l'étouffement, mais le médecin du comté avait précédemment déclaré que la mort était due à une perte de sang. Une grande assemblée de juifs étrangers a visité la ville la nuit du meurtre et est partie le jour suivant. Cette affaire a suscité des réactions dans le pays contre les juifs, et sa description occupait 2 pages et demie dans le *Jewish Encyclopedia*.

1911-13   *Kiev, Russie.*

C'est de loin le cas de meurtre rituel confirmé le plus important du 20ème siècle et est généralement connu comme l'affaire Beiliss.

En 1911, le corps d'un garçon de 13 ans a été trouvé à Kiev avec des blessures curieuses et vidé de son sang. Le suspect, un juif appelé Beiliss, a été arrêté.

Il a été prouvé que le meurtre a eu lieu dans les locaux d'une usine de briques juives à laquelle seuls les juifs avaient accès. Cette usine contenait un hospice juif avec une synagogue secrète attenante.

Révélations d'un Goy-averti

Après de longs et ardus examens préliminaires, Beiliss, qui était le propriétaire de l'usine, a été jugé ; le jury a constaté qu'il n'y avait aucune preuve qu'il était lui-même le coupable, bien que la moitié d'entre eux aient estimé qu'il le soit ; le verdict devant donc être unanime, il a été déclaré non coupable. Mais le jury a accepté la cause de la mort du garçon ; leur verdict à ce sujet était le suivant :

> Le garçon 'après avoir été bâillonné, a été blessé avec un instrument perforant dans la nuque, les tempes et le cou, blessures qui ont sectionné la veine cérébrale, les artères temporelles et jugulaires gauches, produisant ainsi une abondante hémorragie, et ensuite, lorsque Joutchinski (le nom du garçon) avait perdu environ cinq verres de sang, son corps a été percé avec le même instrument, lacérant ainsi les poumons, le foie, le rein droit et le cœur, où les dernières blessures ont été infligées, en tout, 47 blessures, causant des souffrances aiguës à la victime et la perte de pratiquement tout le sang du corps, et enfin la mort.

Ainsi, bien que le meurtre ne puisse être établi sur un individu particulier, son caractère rituel était tout à fait certain, le garçon ayant été saigné et ensuite tué.

Il y a beaucoup de caractéristiques étranges à propos de ce procès, à savoir :

(1) Le 17 octobre 1913, le juge qui présidait a dû avertir les journalistes juifs contre leur persistance à rapporter des interprétations perverties des témoignages et a déclaré que s'ils continuaient dans cette pratique, on leur refuserait l'autorisation d'assister à l'audience.

(2) Deux enfants, Genia et Valentine Tcheberiak, qui ont été des témoins importants contre Beiliss, sont morts peu de temps après son arrestation. C'était après avoir mangé des friandises qui leur avaient été données par un agent de police dégradé appelé Krassowsky. Ils ont été examinés par deux médecins juifs à l'hôpital et il fut attesté qu'ils souffraient de dysenterie, les bacilles de cette maladie ayant été trouvés à l'intérieur de leurs corps, selon le rapport.

Ensuite, il a été découvert que leur mère s'était vue offrir (et avait refusé) un pot-de-vin de 40.000 roubles par un avocat juif pour endosser la culpabilité du meurtre du garçon poignardé, Joutchinski.

Enfin, les juifs ont actuellement suggéré qu'elle avait empoisonné les deux enfants, les juifs ayant spécifiquement oublié pour le moment ces bacilles de dysenterie qui avaient été découverts !

(3) Plusieurs témoins importants ont témoigné et donné leurs opinions d'experts selon lesquelles les juifs utilisent le sang chrétien pour le mélanger avec les pains sans levain lors de certaines fêtes, et que les enfants chrétiens sont tués par des juifs à cette fin.

L'un d'entre eux était le père Pranaitis, théologien et hébraïste, qui considérait que la preuve présentait tous les signes du meurtre rituel juif. Le père Pranaitis a dit que le Zohar, le livre cabalistique de la secte des juifs Chassidim, décrivait le rituel du meurtre, prescrivant treize perforations dans la tempe droite, sept dans la gauche, ce qui est exactement la façon dont la tête du garçon assassiné avait été traitée.

Un autre témoin expert était le professeur Sikorski de l'Université de Kiev, un psychologue médical, qui considérait également l'affaire comme étant un meurtre rituel.

Après la révolution bolchevique juive, la Cheka a tué le juge, le procureur général et plusieurs témoins, y compris le père Pranaitis, l'expert médical Kozoratov et le professeur Sikorski. Le professeur Pawlow, qui était le témoin de la défense, est devenu un scientifique de premier plan en Russie bolchevique !

L'ex-général Alexandre Netchvoldov de l'Armée impériale russe, nous raconte le reste dans un article intitulé "La Russie et les juifs", dans *Le Front Unique*, publié à Oran en 1927, p. 59 : citant *Evrijskaja Tribuna*, du 24 août 1922, il dit "que lors d'une visite du rabbin de Moscou à Lénine, la première chose que Lénine a dite à son visiteur a été de lui demander si les juifs étaient satisfaits du tribunal soviétique qui avait annulé le verdict de Beiliss en disant que Joutchinksy avait été tué par un chrétien !"

Oui, le bolchevisme est juif !

(4) Une "protestation britannique", publiée dans *The Times* datée du 6 mai 1912, signée par les archevêques et évêques habituels, avec des ducs (comme le défunt Duc de Norfolk qui avait été marié à une juive), les Comtes (tel Rosebery, marié à une Rothschild), et des gens comme le défunt Honorable A. J. Balfour, fulminaient contre le "regain" de l'accusation de meurtre rituel ; l'"Accusation de sang" était décrite dans cette protestation comme "une relique de l'époque de la sorcellerie et de

la magie noire, une diffamation cruelle et absolument sans fondement du judaïsme".

N'est-il pas étonnant que, là où les intérêts juifs sont inquiétés, les Anglais d'un certain rang tentent d'influencer le cours de la justice en interférant alors *avant que Beiliss n'ait été jugé* ?

Beiliss est mort en Amérique en 1934, et ses funérailles ont étaient celles d'un héros national juif.

1928   *Gladbeck, Allemagne.* Cela s'est produit au moment de Pourim ; un garçon de vingt ans appelé Helmuth Daube a été retrouvé mort devant son domicile, avec la gorge tranchée, ses organes génitaux manquants, tout en présentant des blessures sur les mains et des perforations dans l'abdomen. Il n'y avait pas de sang à l'endroit où le corps a été retrouvé et il était vidé de son sang. Les experts ont déclaré devant la Cour que la gorge présentait la coupe rituelle juive. Les juifs se mettent au travail et, finalement, un jeune Gentil appelé Huszmann fut accusé du meurtre, la luxure contre nature étant considérée comme une caractéristique du crime. La procédure a été menée contre Huszmann par un juif appelé Rosenbaum, et des policiers spéciaux ont été envoyés de Berlin pour se renseigner sur les circonstances ; le président de la police à Berlin était le juif Bernhard Weiss. Cette police spéciale a fait ce qu'elle pouvait pour convaincre le tribunal qu'il s'agissait d'un "meurtre de luxure", mais Huszmann a été acquitté. Les *Bochumer Abendblatt* et *Der Stürmer* ont tous deux exprimé leur opinion selon laquelle il s'agissait d'un meurtre rituel juif, et ce dernier document a été supprimé pendant un certain temps, et son rédacteur en chef a été emprisonné.

1929   *Manau, Allemagne.* Un garçon de cinq ans nommé Kessler a disparu le 17 mars. Le corps a été trouvé dans un bois, la gorge tranchée d'une oreille à l'autre de façon superficielle, tout en présentant une perforation profonde dans le cou qui coupait les vaisseaux principaux. Le corps était vidé de son sang et il n'y avait pas de sang à proximité. C'était juste avant Pessa'h, et le boucher juif local avait soudainement disparu. Le Dr Burgel, le médecin de la Cour, a déclaré qu'il s'agissait d'un cas de meurtre rituel. Le pouvoir de l'argent juif s'est mis au travail pour influencer les autorités et l'opinion publique. Avant l'enquête officielle, le procureur général a annoncé que ce n'était pas un cas de meurtre rituel. Le juge a décidé que le garçon avait été perforé accidentellement par la branche d'un arbre ou la corne d'un animal, et l'affaire a été abandonnée. Personne n'a jamais été arrêté pour le crime.

1932 *Paderborn, Allemagne*. Martha Kaspar était la servante non-juive dans la maison d'un boucher juif nommé Meyer. Cet homme avait un fils Kurt, et Kurt avait eu des relations sexuelles avec la domestique qui était enceinte. Elle exigeait qu'il l'épousât, et le père et le fils promettent que cela se fera, mais décident secrètement de se débarrasser de la fille. Le 18 mars, proche de Pourim, elle a disparu. Deux jours plus tard, de la chair humaine a été trouvée sur la route, et la Presse juive a commencé à répandre l'idée qu'il y avait eu un "meurtre de luxure". Les enquêtes ont révélé du sang sur les vêtements de Kurt et dans un grenier à foin de Meyer, et les deux Meyer ont été arrêtés. Le docteur Frank, un avocat juif, a réussi à faire déclarer le père comme fou et il fut envoyé dans un asile, mais il a été rapidement libéré et a fui le pays. Le fils, Kurt, a déclaré qu'il avait tenté de causer un avortement, et qu'il avait coupé le corps de la jeune fille et l'avait éparpillé dans divers endroits ; un médecin a dit à la Cour que quelques litres de sang avaient dû être prélevés. Plus tard, Kurt a dit qu'il avait tué la jeune fille dans un accès de colère. La Cour a introduit un verdict de culpabilité d'homicide involontaire et a condamné Kurt Meyer à 15 ans d'emprisonnement. Les journaux courants n'ont pas signalé l'affaire ; *Der Stürmer* a déclaré que c'était un meurtre rituel, et a été supprimé pendant un certain temps. Ces circonstances me font inclure cette affaire parmi les [cas] "bien authentifiés".

On notera que les trois derniers cas se sont produits à une époque où les juifs étaient puissants en Allemagne juste avant la révolution hitlérienne, quand il était facile de supprimer toute expression d'opinion quant à la vraie nature des meurtres.

Chapitre 12

La défense juive

LES juifs et leurs défenseurs utilisent divers arguments par lesquels ils semblent avoir camouflé avec succès et presque effacé dans ce pays le chemin du fait historique concernant la pratique de meurtre rituel. Lorsque l'auteur a été poursuivi en 1936 pour avoir osé mentionner le meurtre rituel juif, le procès a été signalé dans certains journaux sous la rubrique "Histoire incroyable", comme s'il l'avait inventée !

Enumérons les "arguments" juifs et répondons-leur :

1- *Que les confessions faites par les juifs accusés ont été soutirées par la torture.*

Ceci est vrai de nombreux cas médiévaux ; il est peu probable que les juifs se confessent sans ces aides à la mémoire, en raison des conséquences désastreuses qui suivraient la confession.

Mais j'ai montré dans le chapitre 13 que de nombreuses confessions de la pratique du meurtre rituel par les juifs ont été faites par ceux qui ont été convertis à la foi chrétienne et ont été faites librement ; de nombreuses confessions ont été faites par des juifs accusés sans torture, ou par leurs relations, sans torture ; tandis qu'à Damas, où la bastonnade était utilisée pour aider le souvenir de l'accusé, elle les inspirait à révéler où se trouvaient les fragments des corps des hommes assassinés, et on les *trouva* dans les endroits indiqués ; je suppose que les juifs ne prétendent pas que la bastonnade a conféré aux coupables le don de double vue ?

L'argument ne tient donc pas.

2- *Que les lois juives non seulement n'autorisent pas la pratique de meurtre rituel, mais interdisent l'utilisation du sang.*

En d'autres termes, John Smith ne peut pas être coupable d'avoir volé William Brown parce que le 8ème commandement dit "Tu ne voleras point".

L'argument ne tient donc pas, nous en avons parlé au chapitre 3.

3- *Que l'Accusation de sang est le résultat de superstitions médiatiques et stupides.*

Dans le chapitre 5, je montre qu'il y avait, selon les juifs eux-mêmes, plus d'Accusations de sang au 19ème siècle que dans tous les précédents.

L'argument ne tient donc pas.

4- *Que la culpabilité des juifs n'était pas juridiquement établie.*

Le vide de cette déclaration est illustré au chapitre 14, où un certain nombre de cas sont cités dans lesquels, au cours des siècles, une autorité compétente et pleine a décidé la culpabilité de l'accusé ou approuvé le verdict.

L'argument ne tient donc pas.

5- *Que cela ne pourrait pas se produire aujourd'hui.*

Le chapitre 6 est consacré à cette objection.

On verra qu'il n'y a rien dans l'objection.

L'objection fait appel à la bonne nature de l'esprit aryen qui ne peut concevoir quelque chose d'aussi étranger que le désir de commettre un meurtre rituel. C'est la fausse doctrine de l'Égalité de la race, répandue par la Maçonnerie, la religion pervertie et la démocratie, qui est responsable de cette attitude mentale.

6- *Que les Bulles papales refusent de donner crédit à l'accusation de meurtre rituel.*

Cette question est traitée au chapitre 15.

Il y a des papes qui ont manifestement voulu enregistrer leur incrédulité dans la pratique de meurtre rituel par les juifs, et ils l'ont fait.

Il y a d'autres papes qui ont également inscrit par leurs actions et les Bulles qu'ils ont cru en l'accusation.

Donc, l'argument ne tient pas.

7- *Que le rapport du pape Clément XIV de 1758 (fait quand il était cardinal Ganganelli) est une réfutation définitive et incontournable de l'accusation.*

Au chapitre 15, j'ai montré comment, en réalité, ce rapport du cardinal se révélait totalement peu fiable car il a dit qu'"*il s'efforçait de démontrer l'inexistence du crime*", ce qui montre qu'il ne s'efforçait pas de démontrer la vérité, ce qui est tout ce que l'enquêteur a le droit de faire ; alors qu'il reconnaît expressément que Saint-Simon de Trent et Saint-Andreas de Rinn ont été tués par des juifs par haine de la foi en Jésus-Christ. Ainsi, le témoignage du pape Clément XIV est le plus précieux dans le soutien de l'Accusation de sang - car témoin réticent.

8- *Les accusations ne sont pas dignes de crédibilité parce qu'elles ont été apportées par des antisémites.*

Il s'agit d'un argument utilisé par le juif, Israël Abrahams, dans son article sur Ritual Murder dans la 11ème édition de *Encyclopedia Britannica*, dans lequel il écrit : "La littérature de l'autre côté est entièrement antisémite et, en aucun cas, elle n'a survécu à l'épreuve de la critique."

Quel étrange fonctionnement que celui de l'esprit juif ! Comment quelqu'un pourrait-il ne pas être "antisémite" s'il croit que les juifs commettent des meurtres rituels d'enfants non-juifs ?

S'il n'y a pas une surabondance de littérature sur le sujet en anglais, ce n'est pas tout un creuset de reproches qui a entraîné la pénurie, mais le pouvoir de l'argent juif qui fait pression sur cette littérature, la rendant si rare que personne ne peut se la procurer. Exemple, *The Jew, the Gypsy and El Islam* de Sir Richard Burton, un auteur d'une intégrité irréprochable et de renommée illustre, un livre dont le sort a été décrit à la page 48.

Assez parlé des méthodes de défense des juifs par argumentation. Maintenant, voyons quelles autres méthodes de défense ils adoptent. Celles-ci sont :

1- *Le meurtre d'auteurs ou de témoins, ou d'autres personnes ayant des connaissances en la matière.*

À la page 48, on note les circonstances entourant le décès de Gougenot des Mousseaux, auteur du livre *Le juif, le Judaïsme et de la Judaïsation*, etc. à la page 55 est enregistré le fait de la mort d'enfants témoins dans l'affaire de Kiev, 1911-13 ; à la page 56 est donné le sort du juge, des avocats et des témoins experts dans le même cas, tous assassinés par les bolcheviques juifs.

2- *Violence abusive envers les avocats, les témoins pour la partie civile ou les accusateurs.*

Il s'agit d'un développement moderne puisque les juifs ont obtenu le contrôle de la presse non-juive. Cela est indiqué dans les cas des 19ème et 20ème siècles.

La Presse juive dans ce pays a réussi à outrager le nom de Herr Julius Streicher, rédacteur en chef de *Der Stürmer*, et à faire en sorte que de nombreux citoyens honnêtes considèrent comme acquis que Herr Streicher est une sorte de diable fou et sadique au lieu de l'officier allemand (tel que nous le connaissons) courageux et loyal.

3- *Disparition de livres contenant des preuves de meurtres rituels.*

Selon la description de l'affaire de Damas de 1840, je donne des détails sur le sort du dossier officiel et sur les livres de Gougenot des Mousseaux et Sir Richard Burton.

La suppression des rapports des procès a été observée dans l'Allemagne pré-Hitlérienne contrôlée par les juifs au 20ème siècle.

4- *Le silence de la référence au meurtre rituel.*

Les lois pénales sont étendues dans les pays juifs pour assurer l'emprisonnement de quiconque ose rompre le silence imposé par le juif sur le sujet du meurtre rituel. Herr Julius Streicher a été emprisonné en 1928 pour cette "offense", et l'auteur du présent travail a été condamné par un juge du 31ème degré de la Maçonnerie du rite écossais en 1936 à six mois d'emprisonnement parmi les criminels sur une accusation falsifiée de même nature.

Néanmoins, il n'y a pas de loi en Angleterre interdisant la référence au meurtre rituel.

5- *Déformer délibérément les déclarations de personnes faisant autorité.*

Un bon exemple de ceci est décrit aux pages p. 73-74, où le défunt Baron Rothschild s'efforçait d'utiliser la confirmation du cardinal Merry del Val de l'authenticité d'une certaine lettre du pape comme confirmation *d'une fausse interprétation du contenu de cette lettre faite par Baron Rothschild lui-même*. Un autre exemple est le cas de la *Jewish Encyclopedia, History of the Jews in England* d'Hyamson et *Essays in Jewish History* de Lucien Wolf, qui affirment tous que le Khédive d'Égypte a déclaré que les juifs condamnés dans le meurtre de Damas étaient innocents ; il les a simplement relâchés dédaigneusement pour de l'argent comptant, sans aucune déclaration de ce genre.

6- *Corruption des témoins pour la partie civile, les fonctionnaires des tribunaux ou les Potentats qui pourraient annuler ces tribunaux.*
   Quelques exemples sont les cas de Rhodes et de Damas en 1840, Tiszaeszlár en 1882, Konitz en 1900 et Kiev, 1911-13.
7- *Fausses accusations sur des personnes innocentes.*
   Comme dans les cas de Kiev et de Gladbeck.
8- *La production d'un cadavre* supposé être celui de la victime disparue, mais qui est en fait celui de quelqu'un qui est mort d'une cause autre que le meurtre rituel ; cela a été fait dans l'affaire de Tiszaeszlár.
9- *Refus ou menace de refuser des prêts aux gouvernements.*
   Des sources juives, je donne à la page 47 un exemple où l'influence de Rothschild en matière de prêts régissait clairement l'attitude du consul autrichien à Damas par l'intermédiaire du chancelier Metternich, dans l'affaire de 1840.
   Aux pages 50-51, on montre comment la même famille Rothschild a pu menacer le gouvernement de la Hongrie afin de l'inciter à provoquer l'acquittement des juifs accusés dans l'affaire de 1882 à Tiszaeszlár.

Dans toutes les méthodes de propagande, le pouvoir de l'argent juif trouve des alliés disposés parmi les non-juifs crédules, en particulier parmi les archevêques, les politiciens et même avec la royauté. Ceux-ci s'appuient principalement sur l'idée que l'Accusation de sang est une relique des âges obscurs et diaboliques du passé, une idée que j'ai démontrée n'avoir aucun fondement dans les faits.

Comment se fait-il que les Gentils influents apportent si facilement leur soutien aux juifs contre l'Accusation de sang ? La réponse à cette question mérite un petit chapitre. (Voir le chapitre 20.)

Il y a eu un certain nombre de livres publiés de temps en temps réfutant l'Accusation de sang ; certains d'entre eux sont écrits par des juifs, d'autres par des Gentils. Parmi ceux-ci, les plus connus sont ceux de Strack et Cecil Roth. Les travaux des Drs. Loeb et Léa n'ont aucune valeur ; ceux-ci concernaient le cas de Tolède de 1490.

The Jew and Human Sacrifice, par H.L. Strack, Professeur Regius de Théologie à Berlin, a traversé huit éditions avant sa publication en anglais en 1909. Strack était un non-juif, mais son édition française a été préfacée par le juif Théodore Reinach, qui était à la fois le beau-fils et le neveu du baron Jacques Reinach, qui a été retrouvé mort dans son lit après qu'un mandat d'arrestation avait été délivré dans le cadre du scandale du canal de Panama.

L'édition en anglais est un livre de 289 pages, dont seulement les pp. 169 à 274 sont pertinentes en la matière. Le livre est damné parce que (1) il n'y a aucune mention du cas de Saint-Hugh de Lincoln ; (2) aucune mention de la Bulle de Benoît XIV dans laquelle ce pape béatifie Saint-Simon de Trent, victime d'un meurtre rituel, alors que les Bulles d'autres papes sont citées librement comme un argument contre l'Accusation de sang ; (3) en décrivant l'affaire de Damas, aucune mention n'est faite que le flagellation des juifs accusés leur a permis en fait de révéler où pouvaient être trouvés les restes des deux hommes assassinés ; et (4) les autorités citées par Strack au sujet du meurtre rituel de La Guardia, Toledo, ont été prouvées être totalement peu fiables par Walsh.

The Ritual Murder Libel and the Jew, 1935, du juif Cecil Roth, est traité de façon appropriée à la page 87.

Chapitre 13

Témoignages de juifs convertis

LES juifs qui se sont convertis au christianisme ont parfois nié qu'il y ait une pratique de meurtre rituel de chrétiens chez les personnes de la foi juive. D'autre part, de nombreux "convertis" ont avoué que les juifs pratiquent le meurtre rituel.

Quand on considère que l'histoire de la communauté juive marrane (juif "converti") a démontré de façon concluante que la conversion de ces juifs était simplement une ruse et aussi fausse que le juif lui-même et que l'établissement de l'Inquisition d'Espagne était presque entièrement dû au fait que les prétendus convertis ne pouvaient être traités d'aucune autre manière, ils pratiquaient les rites juifs secrètement alors qu'ils prétendaient extérieurement être des disciples dévots de l'Église, on accordera naturellement plus de crédit à ces convertis qui admettent que le meurtre rituel juif est pratiqué qu'à ceux qui le nient.

Il serait intéressant de savoir si ces convertis qui ont admis le fait de meurtre rituel étaient des personnes avec un mélange de la souche raciale aryenne ou alpine dans leur sang. Mais cette connaissance nous est refusée.

Les cas qui ont été mis en lumière dans lesquels les convertis juifs au christianisme ou au Mahométanisme ont avoué que le meurtre rituel est pratiqué par les juifs sont chronologiquement disposés ci-dessous :

1144   Théobald, moine et juif converti, de Cambridge, est arrivé au moment où l'enquête était en cours sur la mort de Saint-William de Norwich et a déclaré que, en tant que juif à Norwich, lui-même savait qu'un enfant devait être sacrifié à cet endroit en 1144. Il a dit que la coutume des juifs était de tirer au sort l'endroit où l'acte devait être commis, et que c'est Norwich qui a été choisi pour fournir le sang requis par eux en l'an

	1144 ; les juifs croyaient que sans l'effusion de sang humain, ils ne pourraient jamais gagner leur liberté et retourner en Palestine.
1468	L'évêque Jean d'Avila, lui-même fils d'un juif converti, a effectivement enquêté sur l'affaire de meurtre rituel à Ségovie, en Espagne, et il a reconnu les juifs coupables, ceux-ci ont ensuite été exécutés (voir page 34).
1475	Hans Vayol, juif converti, a accusé le rabbin de Ratisbonne de meurtre rituel pour le sang. Autorité : *Jewish Encyclopedia*, Vol. II, p. 16 (1903).
1475	Wolfgang de Ratisbonne, juif converti au christianisme, a accusé les juifs du meurtre rituel de Saint-Simon de Trent pour le sang qui leur était nécessaire pour leurs célébrations de Pessa'h. Autorité : *Ibid*, Vol. XII, p. 554 (1906).
1475	Un juif converti, Jean de Feltro, a décrit à l'officier enquêtant sur le meurtre rituel de Saint-Simon de Trent, comment son père lui avait dit que les juifs de sa ville avaient tué un enfant à Pessa'h pour obtenir le sang pour leur pain de Pessa'h.
1490	Torquemada, lui-même de sang juif (Roth, *History of the Marranos*, 1931, p. 39), doit avoir confirmé la peine de mort contre les juifs responsables du meurtre rituel de Tolède, et ce serait par lui que Ferdinand et Isabella prirent connaissance de cela. L'affaire du meurtre rituel a été l'un des principaux facteurs qui a incité le roi et la reine à expulser les juifs d'Espagne.
1494	Alonzo de Spina, déclaré par un historien juif comme ayant été de sang juif (*History of the Marranos*, Roth, 1932, p. 34) a accusé les juifs d'assassiner des enfants à des fins rituelles. Il a occupé

le poste élevé de Recteur de l'Université de Salamanque, et son accusation a été faite dans son œuvre *Fortalitium Fidei*.

1555 Hananel di Foligno, de Rome, juif converti au christianisme, a accusé les juifs devant le pape Marcellus II du meurtre rituel d'un garçon. L'enquête sous les auspices d'un cardinal a abouti à un apostat mahométan, gardien du garçon assassiné, accusé de la crucifixion de son pupille "pour obtenir possession de quelque propriété". Cela ressemble à l'habituel conte à dormir debout qui, sous l'influence puissante du pouvoir de l'argent juif, est habituellement utilisé lorsque les tribunaux sont confrontés au travail difficile de protéger les juifs de "l'Accusation de sang". Pourquoi au nom du ciel, l'homme crucifierait-il le garçon au lieu de s'en débarrasser tranquillement, d'une manière plus habituelle ? Autorité : *Jewish Encyclopedia* (1903), vol. V, p. 423.

1614 Samuel Friedrich Brenz, un juif, qui s'est converti en 1610, a écrit un livre révélant la pratique du meurtre rituel juif. Il s'intitulait *Judischer Abgestreifter Schlangenbalg* et a été publié à Nuremberg. La traduction du titre est *The Jewish Serpent's Skin Stripped* [Le juif dénudé de sa peau de serpent] La description de l'auteur par le *Jewish Encyclopedia* parle de son "ignorance crasse, de sa haine, de sa malhonnêteté et de son fanatisme pernicieux." Le livre a été republié en 1680 et encore en 1715.

1720 Paul Christian Kirchner, juif converti, a admis dans son livre *Judisches Ceremoniel*, Francfort, que le sang chrétien séché était considéré être un remède utile pour certaines maladies des femmes.

18-- Paulus Meyer juif converti, a accusé les juifs de meurtre rituel dans son livre *Wolfe in Schafsfell, Schafe in Wolfspelz* (*Wolf in Sheep's Clothing*, etc.) [Le loup avec la peau de mouton]. Les juifs l'ont poursuivi en diffamation parce qu'il les accusait d'être impliqués dans un cas de meurtre rituel présumé et il a été condamné à quatre mois de détention.

Le *Jewish Encyclopedia* décrit ces trois derniers auteurs comme des "ennemis malveillants et ignorants de leur peuple".

17-- Un juif converti, Serafinovicz, a écrit un livre qui admet que le meurtre rituel est une pratique juive. Autorité : *Ritual Murder Libel and the Jew*, du juif C. Roth, 1935 p. 24.

1759 Un juif converti, J.J. Frank, a formé une secte appelée les Franckistes à Lemberg. Ces gens étaient tous des juifs qui étaient devenus chrétiens en révolte contre les maux enseignés dans le Talmud. Ils ont dit que c'était le Talmud qui était la racine de tous les problèmes entre les juifs et les Gentils. Le prince Étienne de Mikoulissky, l'administrateur de l'archidiocèse de Lemberg, a institué des débats publics entre les Franckistes et les juifs talmudiques. Un débat eut lieu en juillet dans lequel diverses questions ont été traitées point par point jusqu'à ce que six points aient été réglés ; le septième était la déclaration des Franckistes selon laquelle "le Talmud enseigne l'emploi du sang chrétien et celui qui croit au Talmud doit se servir de ce sang." Les Franckistes ont dit qu'ils avaient appris cela dans leur jeunesse en tant que juifs. Sous le titre Baruch Yavan, le *Jewish Encyclopedia*, (1903, vol. II, p. 563) admet que les Franckistes ont apporté l'accusation de sang contre les Talmudistes, aussi dans le Vol. VII, p. 579, sous *Judah Lob ben Nathan Krysa*.

Les Franckistes ont complètement vaincu leurs adversaires dans ces débats. Finalement, ils se sont assimilés à la communauté chrétienne.

Il existe une grande bibliographie en référence à la communauté franckiste, dont les deux travaux suivants peuvent être mentionnés ici : *La malfaisance juive*, par Pikulski, Lvov, 1760 ; et *Matériaux sur la question relative aux accusations portées contre les juifs à propos des crimes rituels*, par J. O. Kouzmine, Saint-Pétersbourg, 1914.

1803 Un ex-Rabbin converti a écrit un livre en langue moldave en 1803 qui a été publié à nouveau en grec en 1834 par Giovanni de Georgio, sous le titre *Ruin of the Hebraic Religion* [Ruine de la religion hébraïque]. Ce rabbin converti s'appelait lui-même du nom de Néophyte. Des extraits de son livre ont été cités dans *Relation Historique des Affaires de Syrie depuis 1840 à 1842*, un livre décrit à la p. 43 sous l'affaire Damas. Cet extrait donne des informations très complètes, et confirme le meurtre, la crucifixion et le saignement des chrétiens par les juifs à des fins rituelles et l'utilisation du sang destiné au mélange du pain de Pessa'h ; et dit que la pratique est transmise par la tradition orale et que rien n'apparaît par écrit dans les livres religieux juifs. Monniot dans son livre *Le crime rituel chez les juifs* reproduit de longs extraits des citations de Laurent, de Néophyte.

1826   Paul Louis Bernard Drach, ex-grand rabbin de Strasbourg, a publié *Deuxième lettre d'un rabbin converti*, Paris, 1827. Sur la page 7, il a déclaré : "Le zèle de ces rabbins va jusqu'à vouer à la mort tous ceux qui suivent la doctrine de la Trinité et par conséquent tous les Israélites chrétiens".

1840   L'ex-rabbin Mousa Abou-el-Afieh, qui est devenu un Mahométan lors du procès du meurtre rituel de Damas, a témoigné que le sang du père Thomas assassiné avait été ordonné par le Grand Rabbin Yakoub el Entabi et était requis pour l'utilisation des personnes zélées qui ont envoyé leur farine à Yakoub pour Pessa'h, dans laquelle il a mélangé le sang du chrétien. L'emploi du sang était un secret des grands rabbins.

1913   Un juif converti, Cesare Algranati, a énuméré un certain nombre de meurtres rituels pour un livre *Cahiers Romains*, 1913, une publication catholique de Rome. Sa date était le 29 novembre 1913. Plus de 100 cas sont cités, dont 27 au 19ème siècle. Autorité : A. Arcand, dans *Le Miroir*, Montréal, septembre 1932, p. 12.

Chapitre 14

Cas confirmés par les autorités constituées

LES juifs ont l'habitude de prétendre que l'Accusation de Sang, comme ils l'appellent, est le produit de la superstition et de la crédulité médiévale et des préjugés anti-juifs. Ils avancent comme exemples des cas où des juifs ont été injustement accusés de meurtre rituel ou contre lesquels il n'y avait pas suffisamment de preuves, la foule prenant l'initiative et le lynchage de tout juif.

De telles choses se sont produites. Mais elles sont tout à fait inutiles pour défendre la revendication juive d'une innocence pour des meurtres rituels.

Il existe une analogie exacte dans les temps plus modernes dans le cas des nègres des États du Sud des États-Unis. Tout le monde sait qu'il y a eu recours au lynchage là où les nègres avaient été soupçonnés de certains outrages contre les femmes et les enfants blancs. Tout le monde sait aussi que, parfois, la foule, dans sa soif de vengeance raciale, et dans son impatience de la procédure légale lente et corrompue, a lynché des hommes innocents. Mais personne ne se prononcera sur le motif que les nègres coupables de telles infractions n'ont pas fréquemment rencontré la justice brutale qu'ils méritaient aux mains de la foule, ou que les nègres n'attaquent jamais les femmes et les enfants blancs ! Pourtant, les juifs avancent ce même argument pourri pour se protéger de la charge de meurtre rituel ! Parce que des juifs innocents ont été lynchés, aucun juif ne commet jamais de meurtre rituel !

Nous avons, heureusement, de nombreux cas enregistrés dans lesquels l'autorité constituée a dûment jugé les meurtriers juifs et les a trouvés coupables, ou a parfois, sans trouver le coupable, rendu un verdict concernant la cause du décès qui ne laisse aucun doute sur son caractère rituel. Permettez-moi d'en énumérer quelques-uns :

1192   Juifs reconnus coupables après une enquête personnelle par Philippe Auguste, un homme sagace de bon jugement.

1255   Le cas de "Little St-Hugh" à Lincoln, dûment jugé par l'autorité compétente et le jugement approuvé par le roi Henry III.

1288   Juifs condamnés par l'autorité compétente pour meurtre rituel à Troyes.

1468   Juifs jugés par l'évêque de Ségovie, lui-même fils d'un juif converti.

1475   Juifs jugés à Trent par l'autorité compétente.

1480   Juifs jugés à Venise par l'autorité compétente.

1485   Juifs jugés à Padoue par l'autorité compétente.

1490   Juifs jugés pour le meurtre rituel de Tolède par les hommes les plus lettrés des universités de Salamanque et d'Avila, sous l'autorité compétente.

1494   Juifs jugés par l'autorité compétente pour meurtre rituel à Tyrnau, en Hongrie.

1670   Juif jugé par l'autorité compétente à Metz. Condamné par décret du Parlement.

1698   Juif jugés par le plus haut tribunal de la terre pour meurtre rituel à Sandomierz, en Pologne.

1748   Juifs jugés pour meurtre rituel à Duniagrod, en Pologne, par la Cour épiscopale.

1753   Juifs jugés à Kiev par un tribunal épiscopal pour meurtre rituel à Zhytomir.

1753   Juifs jugés par le tribunal épiscopal pour meurtre rituel à Pavalochi, en Pologne.

1831   Juifs jugés par l'autorité compétente à Saint-Pétersbourg pour meurtre rituel.

1840   Juifs jugés par l'autorité compétente à Damas pour le meurtre rituel du père Thomas et de son serviteur.

1852 et 1853   Juifs jugés pour deux meurtres rituels à Saratov. Procès effectif, huit ans après le meurtre.

1899   Juif reconnu coupable du meurtre de Polna par l'autorité compétente.

1911-13   Verdict de la Cour dans l'affaire Kiev : la victime a été saignée d'abord et ensuite tuée ; le meurtrier n'est pas identifié. Voir p. 54-55.

Enfin, nous pouvons également mentionner l'affaire à Breslau en 1888 (voir le chapitre 18) où un étudiant rabbinique a été reconnu coupable d'extraire du sang d'un garçon chrétien sans intention de causer de blessures mortelles.

Il est intéressant de noter que lorsque le juif, Jacob Selig, a fait son appel au Pape en 1758 en se plaignant de "persécution" des juifs en Pologne au moyen de l'accusation de sang, il a admis que les cas dont il se plaignait avaient été portés devant les tribunaux !

Dans l'Allemagne pré-Hitlérienne contrôlée par les juifs, il y eut plusieurs cas dans lesquels les tribunaux étaient évidemment utilisés pour étouffer l'accusation de meurtre rituel, tout comme le Old Bailey [Central Criminal Court of England and Wales] a été utilisé en 1936 dans un effort pour me faire taire sur la même question.

Chapitre 15

L'attitude de l'Église catholique concernant le meurtre rituel juif

LE juif, Cecil Roth, dans *Ritual Murder Libel and the Jew*, 1935, p. 19, dit : "L'Église catholique n'a jamais donné la moindre ratification à la calomnie" (l'accusation de sang). Cela semble être très inexact, comme nous le démontrerons.

Les juifs disent que les Papes Innocents IV, Grégoire X, Martin V, Nicolas V, Paul III, Clément XII et Clément XIV ont tous exprimé leur stupéfaction dans la pratique des meurtres rituels juifs.

Prenons d'abord le cas d'Innocent IV, qui a émis des Bulles sur la question le 28 mai et le 5 juillet 1247, et encore le 25 septembre 1253. Bon, le premier d'entre eux exige simplement qu'aucune action ne soit prise contre les juifs sur une accusation de meurtre rituel à moins d'avoir été jugés et déclarés coupables ; la Bulle de 1253 défendait les juifs contre l'accusation de meurtre rituel parce que l'Ancien Testament n'autorisait pas cette pratique !

Mais les vues d'Innocent IV sont traitées dans le *Catholic Bulletin*, (Dublin, août 1916, pp. 435-8), que je citerai. Le défunt Lord Rothschild était profondément perturbé par un procès de meurtre rituel qui se déroulait à Kiev en 1913 et que nous décrivons entièrement dans ce livre (voir pages 54-55). Il a écrit une lettre au Cardinal Merry del Val, lui demandant d'indiquer si la Bulle d'Innocent IV datée du 5 juillet 1247 était authentique ; Lord Rothschild disait que cette Bulle déclarait que le meurtre rituel était "*une invention infondée et perfide*". Lorsque le Cardinal a répondu que la lettre était authentique, cela signifiait qu'Innocent IV avait nié l'existence du meurtre rituel par les juifs ! Mais notez qu'aucune déclaration telle que Baron Rothschild imputée à Innocent IV n'était contenue dans la Bulle !

Meurtre rituel juif – Arnold S. Leese

Laissons le *Catholic Bulletin* aborder la question dans ses propres mots :

> Le document [la Bulle] se compose de deux parties, une partie résume le cas présenté par les juifs eux-mêmes. Le pape déclare qu'il a reçu une plainte selon laquelle les juifs sont opprimés et pillés par les princes ecclésiastiques et laïques, qu'ils sont jetés en prison, et même mis à mort, sans procès ni confession de culpabilité, qu'ils sont faussement accusés de crime rituel qu'ils affirment être manifestement opposé à leur loi, à savoir les Écritures Divines. La deuxième partie, qui seule exprime l'esprit du pape, est comme suit : 'ne souhaitant pas que les dits juifs soient injustement harcelés, dont Dieu, dans sa miséricorde, attend la conversion... nous souhaitons que vous vous montriez bienveillants et favorables à leur égard. Restaurer à leur état approprié ceux des questions mentionnées que vous trouvez avoir été jugés imprudemment par les dits nobles contre les juifs, et ne pas permettre, dans le futur, qu'ils soient injustement molestés, pour ces prétextes ou assimilés, par quiconque.'
>
> Les juifs doivent considérer les chrétiens comme étant très peu critiques et crédules s'ils pensent qu'ils peuvent être amenés à accepter ce document en tant que déclaration pontificale que le crime rituel n'existe pas. Il est évident que le Souverain Pontife ne donne que des instructions selon les principes généraux, que les juifs ne devraient pas être injustement opprimés ou importunés. Il ne fait aucune déclaration quant à la vérité ou au mensonge des accusations spécifiques. Naturellement, il doit laisser la décision concernant ce point au jugement des évêques à qui il écrit. Et il allait encore moins se laisser impressionner par les sophismes selon lesquels le crime rituel ne pourrait pas exister parmi les juifs parce qu'il était interdit dans les Écritures sacrées. Aucun ne pouvait savoir mieux que lui que ce n'était pas l'enseignement des Écritures, mais les enseignements infâmes du Talmud qui ont amené les gens à considérer les juifs comme un grave danger pour la société. Seulement trois ans avant l'apparition de sa lettre, c'est-à-dire en 1244, il a montré clairement ce qu'il pensait du Talmud en pressant Louis IX de recueillir auprès de ses sujets toutes les copies qu'il pouvait obtenir et de les expédier aux flammes.

Avant de quitter Innocent IV, je demande au lecteur de comprendre la ruse typiquement juive utilisée par Rothschild pour exploiter la réponse du Cardinal del Val concernant *l'authenticité* de la lettre comme confirmant *l'interprétation du contenu de cette lettre par Rothschild* ! Tellement juif !

Gregory X, dans une Bulle du 7 octobre 1272, est un peu plus explicite qu'Innocent IV ; la même exhortation est faite pour un procès judiciaire de tous les cas, mais il dit qu'ils ne devraient "pas être arrêtés à nouveau sur de telles accusations infondées (ce qui nous paraît impossible) [mais] qu'ils doivent être capturés en flagrant délit de crime". Gregory ne nie donc pas que le crime existe ; il dit qu'il *pense* que c'est impossible.

Le pape Martin V, Nicolas V, Paul III et Clément XIII ont émis des déclarations qui montrent, et je m'en réjouis, bien que ce ne soit apparemment pas l'avis de certains écrivains anti-juifs, qu'ils ne souhaitaient pas soutenir l'opinion selon laquelle l'accusation de meurtre rituel était avérée contre les juifs.

Maintenant, venons-en à Clément XIV. Avant qu'il ne devienne pape, il était le cardinal Ganganelli. Il a été envoyé par l'Inquisition en 1759 pour enquêter sur les accusations de meurtre rituel contre les juifs en Pologne, et il a écrit un long rapport à ce sujet. Ce rapport est cité en entier dans *Ritual Murder Libel and the Jew* de Roth et est, en effet, la seule "preuve" présentée par Roth dans ce livre, publié en 1935.

Du début à la fin du rapport de Ganganelli, il n'y a rien de scientifique qu'un enquêteur considérerait comme preuve que le meurtre rituel n'était pas pratiqué par les juifs. Les cas polonais qu'il admet ont été juridiquement déterminés ; et il présente des exemples d'accusations définitivement fausses de meurtre rituel, qui, comme chacun sait, sont survenues, mais qui n'affecte en rien la question de savoir si le meurtre rituel se produit ou non. Il oppose simplement son opinion à celle des hommes de l'autorité sur place.

Mais il y a plus. Certainement, et loin de pouvoir réfuter la charge du meurtre rituel contre les juifs, Ganganelli admet les meurtres rituels de Saint-Simon de Trent et de Saint-André de Rinn en ces termes :

> 'J'admets alors, comme véritable, le fait du Saint-Simon, un garçon de trois ans, tué par les juifs de Trent en 1475 par haine en la foi en Jésus-Christ', et 'J'admets aussi la vérité d'un autre fait qui s'est produit en l'an 1462 dans le village de Rinn, au diocèse de Brixen, en la personne du Saint-Andreas, un garçon assassiné de manière barbare par les juifs par haine en la foi de Jésus-Christ'.

Meurtre rituel juif – Arnold S. Leese

Une chose concernant le rapport de Ganganelli semble avoir échappée à d'autres travailleurs anti-juifs, et à mon avis, cela condamne le rapport dès le début, en entreprenant une enquête telle que celle à laquelle Ganganelli était confrontée, on devrait certainement commencer par une perspective impartiale. Lisez l'admission de Ganganelli sur ses propres perspectives quand il est allé enquêter en Pologne :

> Avec mes faibles facultés, *je me suis efforcé de démontrer l'inexistence du crime* qui a été imputé à la nation juive en Pologne.

Les italiques sont de moi.

Le Cardinal s'est mis en route, non pas pour savoir si le meurtre rituel existait en Pologne ou non, mais "*pour démontrer la non inexistence du crime*" ! Et *pourtant*, il a été contraint d'admettre les crimes de Trent et de Rinn !

Ainsi, le livre *Ritual Murder Libel and the Jew*, par le juif Roth, qui dépend entièrement de Ganganelli pour sa substance, n'a de valeur que pour le travailleur anti-juif pour qui c'est un cadeau du Ciel ! Pourtant, quelle bonne "presse" ce livre a reçue quand il a été publié en 1935 ! *The Morning Post* l'a accueilli (16 janvier 1935) avec les titres "Meurtre Rituel : le peuple juif absous : délation choc", et a qualifié le livre d'être "une réfutation définitive et incontestable de l'horrible accusation de meurtre rituel". Il est clair que le critique n'avait jamais pris la peine de lire le livre ou trompait délibérément le public quant à son contenu ; ce n'est pas une "réfutation incontestable" ; il s'agit d'une agglomération non scientifique de contenus sans pertinence, avec une confession partiale de la vérité de l'accusation de meurtre rituel. *The Catholic Times* (15 février 1935) dit : "Le cardinal lettré réfute complètement les persécuteurs des juifs et montre de manière définitive la fragilité des accusations contre eux et leur inhérente absurdité". Ganganelli "réfute complètement" rien, et tout ce qu'il "montre de façon concluante" est que les meurtres rituels étaient une pratique juive.

Le *Birmingham Mail*, 22 septembre 1936, est la réponse typique des critiques britanniques :

> Il est symptomatique de l'état malsain de l'esprit continental que du crédit puisse être accordé dans certaines parties de l'Europe à la diffamation atroce dans laquelle il est allégué que le sang chrétien est un accessoire nécessaire aux célébrations de la Pâque juive.

Bien que le livre ait été largement annoncé quand il est sorti, les juifs semblent avoir réalisé qu'il témoigne simplement en faveur du meurtre rituel, car j'ai eu du mal à obtenir une copie en 1936, ayant finalement eu recours à un ami dans le commerce des livres d'occasion pour en obtenir une pour moi.

Ainsi, Clément XIV, loin d'être un témoin pour la défense des juifs, est un témoin malgré lui de la vérité de l'accusation anti-juive.

Et qu'en est-il des papes qui, par leurs actes, ont soutenu l'accusation de meurtre rituel ? Il y en a beaucoup.

Sixtus IV a approuvé dans sa Bulle XII Kal., de juillet 1478, la conduite de l'évêque qui s'est occupé des juifs dans l'affaire Saint-Simon à Trent. Les juifs s'efforçaient d'engager Sixte IV de leur côté en soulignant qu'il avait suspendu le culte de Saint-Simon de Trent ; cela a été fait par Sixte IV uniquement comme une mesure disciplinaire, car Simon n'avait pas encore été béatifié par l'autorité papale, mais était devenu le centre d'un culte local.

Gregory XIII a reconnu Simon comme un martyr et a lui-même visité le sanctuaire.

Sixtus V a ratifié le culte de Saint-Simon en 1588, permettant la célébration de la messe en son nom. Ceci est confirmé comme un fait par Benoît XIV.

Benoît XIV lui-même dans une Bulle *Beatus Andreas* (1778, Venise, IV, p. 101 sq.), a béatifié à la fois Simon et Andreas, deux garçons assassinés par les juifs "par haine en la foi en Jésus-Christ"; "Les juifs", a-t-il dit, "utilisaient tous les moyens pour échapper au juste châtiment qu'ils avaient mérité et pour échapper à la juste colère des chrétiens".

Pour comprendre combien sont significatives les méthodes des défenseurs du juif, il suffit de noter que dans le livre de Strack, aucune mention n'est faite de la Bulle de Benedict XIV, bien que les actions de Sixtus IV soient volontairement mal interprétées !

Pie VII, le 24 novembre 1805, a confirmé un décret de la Congrégation des Rites du 31 août selon l'Église de Saragosse, le droit d'honorer Dominiculus, tué par les juifs par haine en la foi en Jésus-Christ (voir page 38). Il a également autorisé à l'Église de Tolède le même privilège à l'égard de Saint-Christophe, le garçon crucifié par les juifs près de cet endroit en 1490 (voir page 36).

Meurtre rituel juif – Arnold S. Leese

En 1867, la Congrégation des Rites autorise le culte de Lorenzino, à Vicence, Padoue, rituellement assassiné par des juifs.

Gregory XVI a également soutenu les accusateurs anti-juifs quand il a honoré Gougenot des Mousseaux en le faisant chevalier de l'Ordre de Saint-Grégoire le Grand, en récompense pour l'écriture de son livre *Le Juif, le Judaïsme et la Judaïsation des peuples chrétiens*, dans lequel Gougenot des Mousseaux consacre un chapitre accusant les juifs du meurtre rituel des chrétiens pour leur sang.

Pie IX a refusé de voir le juif Montefiore lorsque celui-ci revenait de ses visites en Égypte et à Constantinople, où il avait soudoyé le Khédive et le Sultan pour que les juifs de Damas puissent échapper aux conséquences de leur meurtre rituel du Père Thomas et son serviteur; ceci, en dépit d'une persévérance juive sans vergogne qui a été entièrement décrite dans la biographie de Sir Moses Montefiore. Cela montre ce que Pie IX pensait à ce sujet, et lui-même était de sang juif.

Le pape Léon XIII a accordé des distinctions à Édouard Drumont, auteur de *La France juive*, qui a accusé les juifs du meurtre rituel. Autorité : *Jewish Encyclopaedia* (1905), vol. X, p. 127).

En résumé : les papes qui ont semblé ne pas croire en l'existence du crime de meurtre rituel ont été, à l'exception de Clément XIII, ceux qui ont vécu aux temps les moins éclairés ; beaucoup de papes, plus tard, ont donné des preuves très claires qu'ils tenaient l'opinion contraire. Le lecteur a les faits devant lui et peut juger par lui-même.

Rappelez-vous que, bien que d'autres garçons martyrisés, victimes du meurtre rituel juif, aient été considérés en plusieurs endroits comme des Saints sans l'autorité papale, il n'y a aucun récit de désapprobation papale de ces cultes, sauf dans le cas de Sixte IV, déjà mentionné, dont l'action était purement disciplinaire, et qui a lui-même approuvé expressément la conduite de l'affaire de meurtre rituel à laquelle la question renvoyait. De tels "Saints" ou martyrs localement béatifiés sont Saint-William de Norwich (1144), Saint-Richard de Pontoise (1179), Saint-Hugh de Lincoln (1255), Saint-Werner d'Oberwesel (1286) et Saint-Rudolph de Berne (1287). Dans tous les cas, il est tout à fait évident que le culte avait l'approbation complète au moins des autorités épiscopales sur les lieux mentionnés.

Ceux qui condamnent l'Accusation de sang comme une invention perverse dans le but de persécuter les juifs et de les voler doivent dans le même temps condamner tout à la fois certains des plus hauts dignitaires de l'Église catholique, des hommes contre lesquels on ne sait rien si ce n'est qu'ils avaient d'excellentes réputations, comme William Turbe, évêque de Norwich, pour donner un exemple anglais.

Lorsque le lecteur examine les détails des cas que j'ai cités dans ce livre, il se rendra compte que les tribunaux épiscopaux ont traité plusieurs d'entre eux, c'est-à-dire que les juifs ont été condamnés par l'autorité religieuse existante du jour.

Beaucoup des premiers enregistrements que nous avons de ces meurtres rituels proviennent de la plume des historiens catholiques, tels que les Bollandistes, un corps de jésuites belges ; une liste des *principaux* travaux sur le sujet se trouve à la fin du livre.

Le père Creagh, rédemptoriste, a accusé publiquement les juifs de la pratique du meurtre rituel le 11 janvier 1904 dans un discours à Limerick. Autorité : *Jewish Encyclopaedia* (1904, vol. VIII. p. 89).

Peut-être pourrais-je clore au mieux ce chapitre en donnant les noms des douze membres des jurés qui ont enquêté, ont considéré et ont condamné les juifs dans l'affaire de meurtre rituel de La Guardia à Tolède, ainsi que leurs qualifications : (1) Maestre Fray Juan de Santispiritus, Professeur d'hébreu, Université de Salamanque ; (2) Masetre Fray Diego de Bretonia Professeur d'Écriture ; (3) Fray Antonio de la Pena, Prieur ; (4) Dr Anton Rodriguez Carnejo, Professeur de droit canonique ; (5) Dr Diego de Burgos, Professeur de droit civil ; (6) Dr Juan de Covillas, Professeur de droit canonique ; (7) Fray Sebastian de Hueta ; (8) le licencié Alvaro de Sant Estevan, magistrat de la Reine Isabel pour Avila ; (9) Ruy Garcia Manso, conseiller de l'évêque Talavera ; (10) Fray Rodrigo Vela, chef du monastère franciscain d'Avila ; (11) Dr. Tristan, Canon d'Avila ; (12) Juna de Saint-Estevan.

Nous avons assurément tout à fait le droit de nous fier aux découvertes de ces hommes de haut rang ?

Chapitre 16

L'attitude de l'Église protestante concernant le meurtre rituel juif

CECI peut être résumé très brièvement. L'Église protestante semble s'être alliée aux juifs, si l'on peut juger des opinions politiques exprimées par nos archevêques et la plupart de nos évêques. Ces opinions sont presque invariablement semblables à celles exprimées par les Maçons et sont presque toujours pernicieuses.

Toutefois, il y eut un temps où les protestants étaient des protestants non affectés par la Maçonnerie ou par la propagande puissante dont l'argent juif est la source.

Martin Luther semble avoir eu une petite idée de la vraie nature du juif quand il a dit :

> Combien les juifs aiment le Livre d'Esther, qui convient si bien à leur appétit et leurs espoirs sanguinaires, vengeurs et meurtriers. Le soleil n'a jamais brillé sur un peuple si sanguinaire et vengeur, qui se dit être le peuple élu afin qu'il puisse assassiner et étrangler les païens. (*Table Talks*, de Luther, vol. XXXII, éd. Erlangen, p. 120.).

C'est assez clair, mais le juif, C. Roth (*Ritual Murder Libel and the Jew*), cite Martin Luther comme ayant condamné la "calomnie" de meurtre rituel "avec fermeté".

Cependant, le *Jewish Encyclopedia* (1904), vol. VIII p. 213 affirme définitivement que Luther a accusé les juifs de meurtres rituels.

À Magdebourg en 1562, une histoire protestante de l'Église chrétienne a été compilée, appelée *Magdeburg Centuries* ; elle a été compilée par un certain nombre de théologiens luthériens dirigés par M. Flacius, et a été publiée pour la première fois à Bâle comme *Historia Ecclesiae Christi*. Ce travail rapporte les meurtres rituels de Blois, Pontoise (Paris), Braisne, Fulda, Berne et Obetwesel.

John Foxe dans ses *Acts and Monuments of the Church* (1563) dit :

> Chaque année, communément, leur coutume [juive] était de subtiliser un enfant chrétien à ses parents et de le crucifier le Vendredi saint pour signifier le mépris de notre religion.

Il décrit la crucifixion rituelle d'enfants britanniques par les juifs de Norwich et de Lincoln avant l'Expulsion.

L'érudit et distingué puritain, William Prynne, un combattant intrépide du mal, dans son ouvrage, *Short Demurrer to the Jews long discontinued Remitter into England*, 1656, a donné des détails et des références sur les assassinats rituels à Norwich, Gloucester et Bury St. Edmunds en Angleterre, et ceux de Blois, Braisne, Richard "de Paris", Fulda, Prague, Werner d'Obetwesel, Rudolph de Berne, Simon de Trent et d'autres. Dans le livre I, p. 67, il dit :

> Les juifs... ont souvent... malicieusement reproduit la [crucifixion] encore et encore ; ...en crucifiant divers enfants chrétiens le Vendredi saint ou à l'approche des Pâques, sur une croix, d'une manière des plus barbare, en dérision de la mort et de la passion de notre Sauveur".

À la page 68, il cite plusieurs autorités "que les juifs à Paris volaient tous les ans un enfant chrétien, ou un autre élevé dans la Cour du Roi, et l'emmenaient dans une maison ou une voûte secrète, où, le Vendredi saint ou à la fête des Pâques, en mépris et en dérision du Christ et de la religion chrétienne, ils le crucifiaient sur une croix ...et qu'ils furent souvent appréhendés, persévérant dans cette cruauté, pour laquelle, sur instruction, ils étaient habituellement assassinés, lapidés, brûlés, tués ou pendus par la violence de la foule furieuse, ou exécutés, emprisonnés, bannis par les rois chrétiens et les magistrats, mais leur méchanceté envers le Christ était telle, qu'ils s'obstinaient pourtant et recommençaient à nouveau à toutes les occasions.

Ce livre de Prynne, qui a connu deux éditions, se trouve dans les bibliothèques du British Museum et de la bibliothèque Guildhall, mais il est impossible à obtenir, bien que les libraires disent que ce n'est pas un livre si rare ou de grande valeur ; dans la bibliothèque de Londres, il n'y a pas de copie, mais il y *a* une réfutation juive de celui-ci !

Meurtre rituel juif – Arnold S. Leese

Notre nation a été si soigneusement scolarisée par le pouvoir de l'argent juif, qui a pu détruire ou raréfier toutes les sources d'information sur le meurtre rituel, que l'Église protestante du 20ème siècle en est venue à croire que la chose est une simple relique de superstition médiévale.

Chapitre 17

Autres cas dignes de foi

CE livre n'a pas pour objectif d'être une histoire exhaustive des meurtres rituels juifs. Dans les chapitres précédents, j'ai décrit les cas qui se sont produits avant l'Expulsion des juifs d'Angleterre, et aussi les cas qui me semblent être des évènements historiques n'admettant aucun doute raisonnable quant à leur interprétation correcte en tant que meurtres rituels juifs.

Dans ce chapitre, je mentionne un certain nombre de cas signalés de meurtres rituels qui, tout en étant à mon avis dignes de crédibilité, ne sont pas soutenus par le même détail ou l'autorité qui constitue l'authenticité.

Il y a beaucoup de découvertes de corps d'enfants qui ont été rituellement assassinés par des juifs, qui ne sont pas mentionnées dans cette liste, et depuis que le Sultan a publié son firman en 1840, niant que le meurtre rituel existait chez les juifs, il n'est pas surprenant que beaucoup de ces cas se sont produits dans des territoires sous domination turque.

Les rapports suivants de meurtres rituels présumés me paraissent dignes d'être consignés :

419 après J.C.   Socrate (*Hist. Eccles.*, Lib. VII, chap. XVI) rend compte d'un cas à Inmestar, une ville située entre Chalcis et Antioche.

Le Syrien Posidonius (135-51 avant J.C.) et, les Grecs Apollonius Molon et Apion du premier siècle avaient précédemment signalé que c'était une coutume juive de sacrifier chaque année un garçon grec, spécialement engraissé pour l'occasion. La raison probable de l'accusation de meurtre rituel faite contre les chrétiens eux-mêmes dans les premières années de la Religion était que beaucoup de ces chrétiens étaient d'origine juive.

1285	*Munich*. Illustré en *Bavaria Sancta*.
1270	*Wissembourg*. Monniot cite à la p. 148 de son livre, *Le Crime Rituel chez les juifs*, une lettre datée du 19 novembre 1913 du curé de la ville, dans laquelle les détails de cette affaire sont des citations de l'historien alsacien Hertzog, qui dit que la tombe de la victime fut durant de nombreuses années dans l'église.
1283	*Mayence*.
1303	*Weissensee (Thuringe)*.
1305	*Prague*. La foule se chargea de l'application de la loi dans un cas de crucifixion présumée d'un chrétien à Pessa'h.
1331	*Ueberlingen*. Le corps de l'enfant trouvé dans un puits avec des plaies indiquant qu'il avait été sacrifié par des juifs. Les juges de l'endroit ont brûlé un certain nombre de juifs.
1345	*Munich*. Illustré en *Bavaria Sancta*.
1347	*Cologne*. Le couteau sacrificiel dans ce cas est conservé dans l'église Saint-Sigbert.
1401	*Diessenhofen*.
1407	*Cracovie*. Un prêtre polonais, Budek, a accusé les juifs d'avoir assassiné un garçon à Pâques.
1429	*Ravensbourg*.
1435	*Palma*.
1470	*Endingen, Baden*. Des juifs brûlés pour avoir rituellement tué huit ans auparavant quatre chrétiens.
1529	*Posing, Hongrie*. Enfant assassiné pour son sang. Beaucoup de juifs brûlés après confession de certains par la torture.
1598	*Podolia*. Juifs jugés et condamnés, après qu'un rabbin ait avoué avoir tué, Albert, quatre ans, à Pessa'h et l'avoir saigné.
1764	*Orcuta, Hongrie*. Un garçon trouvé mort, couvert de blessures suggérant le meurtre rituel.

1791   *Tasnad, Hongrie.* Juifs condamnés pour avoir assassiné et saigné un garçon, selon le témoignage du petit fils de l'un d'eux alors âgé de cinq ans. Les accusés ont reçu le pardon royal.

1797   *Galatz, Roumanie.* À propos de cette fois-ci "L'accusation de meurtre rituel est devenue une épidémie" (*Jewish Encyclopaedia*, 1905, Vol. X, p. 513).

1812   *Corfou.* Trois juifs ont été condamnés pour le meurtre d'un enfant chrétien. Monniot (*Le Crime Rituel chez les juifs*) dit que les archives de l'île signalent cette affaire.

1847   *Mont Liban.* Mentionné par Sir Richard Burton dans *The Jewish, The Gypsy and El Islam*, 1898, p. 128.

1935   *Afghanistan.* Le journal russe blanc *Nasch Put* de Harbin, du 17 octobre, rapporte un cas en Afghanistan où un enfant Mahométan a été volé et criblé de coups de couteaux par des juifs, le verdict de la Cour étant que cela a été fait à des fins rituelles.

Je répète qu'il existe de nombreux autres cas d'accusations de meurtres rituels non mentionnés dans ce livre ; ils sont omis parce que je n'ai pas suffisamment de détails à leur sujet.

Chapitre 18

Deux évènements étranges

1839   *Un paiement de sang.* Au cours du procès pour meurtre rituel de Damas, le consul français, Comte Ratti-Menton, grâce à l'énergie et la détermination duquel l'affaire fut mise en lumière, a reçu une lettre du Comte de Suzannet qui a écrit :

> Il y a près d'un an, une boîte est arrivée à la maison des douanes qu'un juif est venu réclamer. Lorsqu'on lui a demandé de l'ouvrir, il a refusé et a tout d'abord offert 100 piastres, puis 200, puis 300, puis 1.000 et au moins 10.000 piastres (2.500 francs). Le fonctionnaire des douanes a persisté, et a ouvert la boîte, découvrant une bouteille de sang. En demandant au juif une explication, ce dernier déclara qu'ils avaient l'habitude de conserver le sang de leurs grands rabbins ou d'hommes importants. Il a été autorisé à s'en aller et est parti pour Jérusalem.

Le Comte Ratti-Menton a ensuite cherché le chef des douanes, mais il a découvert qu'il était mort ! Son successeur, qui avait été associé à lui, se rappelait vaguement l'affaire ; mais il a confirmé que la boîte contenait plusieurs bouteilles de liquide rouge et qu'il pensait que le juif qui venait la réclamer était Aaron Stambouli de Damas qui lui avait dit que la substance était une drogue efficace.

La mort rapide du chef des douanes n'est pas surprenante ; les témoins des crimes d'Israël sont soumis à une disparition soudaine. Mais le lecteur sera peut-être plus impressionné par le fait que cet Aaron Stambouli était l'un de ceux qui ont ensuite été reconnus coupables du meurtre rituel du père Thomas à Damas et qui ont été condamnés !

1888 *Breslau, Allemagne.* Le 21 juillet, Max Bernstein, âgé de 24 ans, élève du Collège Talmudique, a rencontré un garçon chrétien de huit ans, Severin Hacke, lui a acheté des friandises et l'a emmené dans sa maison (Bernstein). Là, il a dépouillé le garçon de ses vêtements et avec un couteau a fait des incisions dans une certaine partie du corps de l'enfant, recueillant le sang qui venait des coupures sur un morceau de papier buvard. Lorsque le garçon fut naturellement effrayé, le juif lui dit qu'il n'y avait pas besoin d'avoir peur car il voulait seulement un peu de sang.

Le garçon est rentré à la maison et n'a rien dit au sujet de cette affaire ; mais son père, voyant les cicatrices, l'a interrogé et la vérité est sortie.

Bernstein a été arrêté et l'avocat de l'accusation après avoir empêché une manœuvre de la part de l'avocat de la défense afin d'obtenir que l'affaire soit réglée à huis clos a soutenu qu'il s'agissait d'un cas rituel pour l'extraction du sang pour les besoins d'un rite juif.

Cependant, la Cour a refusé de reconnaître cela, mais a condamné Bernstein à trois mois d'emprisonnement pour avoir fait des incisions dans le corps de l'enfant.

Les faits de cette affaire ne sont contestés par personne. Les juifs, bien sûr, répandent la rumeur selon laquelle Bernstein était un maniaque religieux. Le Dr Edmond Lesser de Breslau a rédigé un rapport à cet effet que le Comité scientifique royal pour la profession médicale a approuvé. Ce professeur était un juif, bien sûr. Mais le lecteur devrait noter que le rapport a été publié en 1890 et que la Cour elle-même n'a jamais eu une telle propagande "spécialisée" avant ça !

Chapitre 19

Qu'en est-il de ceux-là ?

DURANT mon procès, j'ai demandé au seul témoin appelé à déposer contre moi, l'inspecteur Kitchener : "Êtes-vous un inspecteur-détective ?"
Kitchener : "Oui."
Leese : "Y a-t-il des cas de meurtre d'enfants de nos jours qui ne peuvent être résolus ? "
Kitchener : "Oui."
Leese :"Vous êtes-vous jamais demandé si certains d'entre eux pouvaient être des cas de meurtre rituel juif ?"
Le juge :"Si cela avait été le cas, il aurait agi sans preuve et il n'a pas le droit de le faire."

En croyant qu'il appartient au détective d'enquêter d'abord pour ensuite recueillir des preuves, puis agir sur cette preuve je donne ici quelques faits sur les évènements récents qui me semblent donner matière à enquête. Il s'agit, du meurtre de Chorlton, l'affaire du bébé de Lindbergh et d'une entreprise étrange en Argentine.

1928   *Chorlton, Manchester.*

Un écolier appelé O'Donnell a été assassiné le 1er ou 2 décembre, juste avant la fête juive de Hanoukka, qui commémore la récupération de Jérusalem par les Maccabées.

La gorge avait été tranchée ; le corps était vidé de son sang ; il a été trouvé sur un terrain vague et il était étonnant qu'il n'y ait pas de sang sur les vêtements et les mains du garçon. Il y avait un bassin de sang à sept mètres du corps. La blessure a été déclarée par des experts comme n'étant pas auto-infligée. Un policier témoin a déclaré que le corps semblait avoir été traîné dans l'herbe ; le coroner a suggéré que quelqu'un avait lavé les mains du garçon.

Révélations d'un Goy-averti

La police était complètement déconcertée ; elle était certaine que le travail n'était pas celui d'un maniaque, mais que le crime était prémédité et était, en fait, "le crime parfait". Le verdict de l'enquête était ouvert.

L'affaire a été rapportée dans *The Times*, les 3, 4 et 6 décembre 1928, et seulement dans la première édition celle du 23 février 1929 ; aussi dans les journaux du *Manchester Evening*, du 6 au 13 décembre 1928.

Mon seul commentaire est que le meurtre n'a pas pu être fait à l'endroit où le corps a été retrouvé, puisque les vêtements et les mains du garçon n'étaient pas tachés de sang, indiquant que le garçon doit avoir été nu quand la gorge a été tranchée ; par conséquent, une certaine quantité de sang a probablement été versée au sol à quelques mètres pour tromper les détectives.

Plusieurs fois les meurtres rituels ont été découverts par le fait qu'aucun sang n'a été trouvé à l'endroit où le cadavre, saigné à blanc, a été récupéré.

1932   *L'affaire Lindbergh.*

Le fils du colonel Lindbergh fut porté disparu le 1er mars 1932. La fête juive de Pourim était le 22 mars. Un corps d'enfant a été trouvé le 12 mai, mort depuis au moins deux mois selon les experts, avec le crâne fracturé en deux endroits.

Je ne vois pas qu'il ait été prouvé que le corps trouvé était celui du fils du colonel Lindbergh. Il est vrai que les vêtements de l'enfant ont été identifiés, mais le "corps" n'était qu'un squelette, et l'"identification" par la nourrice, Betty Gow, a été faite au moyen des vêtements et de "doigts tordus". (Nous devons nous rappeler que l'affaire Tiszaeszlár, voir p. 50, a été manipulée avec la découverte et la fausse identification d'un corps vêtu des vêtements de la fille assassinée.).

Charles Lindbergh, le père, le héros de l'air de l'Amérique, a nommé deux juifs, Salvatore Spitale et Irving Bitz, comme intermédiaires entre lui et un gang qui a prétendu savoir où était son fils. The Purple Gang, entièrement juif et dirigé par un juif appelé Fleischer, a fait l'objet de recherche policière.

En fin de compte, un Allemand nommé Hauptmann a été arrêté, et toute la Presse juive d'Amérique l'a condamné plusieurs fois avant son procès ; en fait, il a finalement été déclaré "coupable" en dépit d'un manque de preuves évident et il est mort sur la chaise électrique.

Le condamné a déclaré que Reilly, son avocat, était responsable de son sort car il avait saboté sa défense ; Reilly est devenu fou et s'est suicidé.

Hauptmann a déclaré que le destinataire de la rançon du kidnapping était Isador Fisch, un juif ; mais il était mort.

La foule de gens devant l'édifice où avait lieu l'exécution de Hauptmann, criait, plaisantait et riait de la même manière obscène que l'ont fait les furies féminines pour les victimes de la guillotine lors de la révolution française. On a souvent considéré en Amérique que c'est Hitler, et pas Hauptmann, qui a été reconnu coupable !

Il est possible que Hauptmann ait été payé pour voler l'enfant, sans savoir que c'était tout sauf un enlèvement ordinaire ; et que le garçon était destiné à l'abattage rituel pour Pourim.

C'était le père de Charles Lindbergh qui s'était fortement opposé à la mise en place du système de la réserve bancaire fédérale parrainé par de puissants intérêts juifs et avait également porté à l'attention du public la diabolique lettre circulaire de l'American Banking Association qui ordonnait aux banques membres de perdre de la valeur "*afin d'appliquer une rigueur monétaire à vos clients.*" Ceci, on pense, pourrait avoir déterminé le choix de la célèbre victime, l'enfant innocent de l'honorable Charles Lindbergh.

1937 *Argentine.*

Le 28 février, le *Sunday Pictorial* (Londres) a signalé que Eugenio Iraola, deux ans, avait été kidnappé et tué à des fins rituelles ; le titre sous lequel ceci apparaissait était "Le Bébé du millionnaire comme sacrifice humain". Huit arrestations ont été faites, y compris celle de Ganceda Silva. La fois suivante (et ultime), c'est dans le *Evening News* (Londres) du 24 mars, que nous entendons parler de cette affaire qui rapporte tout simplement : "En attendant le procès pour l'enlèvement et le meurtre, Jose Gancedo s'est pendu dans sa cellule à Dolores, Buenos Aires". Bien sûr, cela simplifie les choses ! On remarquera que le défunt avait déjà perdu le nom révélateur de Silva !

Chapitre 20

Réflexions impertinentes

J'ÉCRIS ce chapitre dans une tentative d'expliquer l'attitude étrange adoptée par les Gentils, personnes souvent influençables, qui se précipitent pour protéger les juifs, non seulement de l'accusation du meurtre rituel, mais des accusations concernant d'autres activités hostiles à la Civilisation occidentale.

Considérez la lettre de protestation signée par les archevêques, les évêques, les seigneurs, les juges, les rédacteurs en chef et les professeurs, qui a été envoyée au *Times* comme indiqué à la p. 17 contre le "renouveau" de l'Accusation de sang contre un juif à Kiev, 1911-13. Considérez que le procès de l'accusé n'a pas été fait. Considérez qu'aucun des signataires n'aurait pensé qu'il soit approprié d'entraver le cours de la justice dans un pays étranger pour le compte d'une personne qui n'est pas un sujet britannique. Pourtant, ils l'ont fait pour un juif. Pourquoi ?

Voici un autre exemple : M. J. Hall Richardson l'expose aux pp. 216-217 de son livre, *From the City to Fleet Street* (S. Paul & Co., 1927). Il écrit sur les meurtres de Jack l'éventreur et il dit :

> On ne croirait guère que la police métropolitaine détenait l'indice de l'identification du meurtrier entre ses propres mains, qu'elle s'en soit débarrassé délibérément sous la direction personnelle du commissaire de police d'alors, Sir Charles Warren, qui a estimé qu'une émeute antisémite pourrait avoir lieu s'il était permis que certains indices accablants demeurent sur les murs.
>
> Rédaction du meurtrier -- Un peu de fantaisie l'avait amené à écrire sur le mur cette phrase :
>
> Parmi les hommes, les juifs ne peuvent être blâmés pour rien.

Meurtre rituel juif – Arnold S. Leese

Je n'ai jamais su si un enregistrement photographique avait été fait de cette inscription et lorsque la police de la ville en a eu connaissance, elle fut horrifiée d'apprendre que des collègues de la Force métropolitaine avaient effacé ce qui aurait pu constituer une importante preuve circonstancielle de la classe à laquelle appartenait le meurtrier.

Je n'allègue pas que les meurtres de Jack l'éventreur étaient des rituels, mais qu'ils étaient juifs semble être établi par les paragraphes cités ci-dessus. Pourtant, l'indice a été négligé et le meurtrier est resté en liberté. Dans quelle autre cause une preuve aussi importante est-elle ignorée et les intérêts de toute la communauté sacrifiés pour le bien d'un juif ? "*Il est significatif que Sir Charles Warren n'était pas seulement le Grand Maître maçonnique du district, 1891-5, mais était en fait le fondateur de la première Loge de recherche -Quatuor Coronati.*

Est-ce une sorte d'hypnotisme de masse qui influe sur des personnes qui ont déjà consciemment ou inconsciemment accepté une sorte de subordination mentale ou spirituelle à l'influence juive ? Est-ce cabalistique ?

Je ne peux pas répondre à la question, mais je ne trouve aucune autre explication pour toutes les dénonciation faites par tant de Britanniques faisant autorité contre ceux qui ont le courage de se présenter et affirmer leur conviction que les juifs ont été responsables du meurtre rituel de chrétiens. Je sais que je serai soumis à une tempête d'injures et de diffamation sans fin contre laquelle je n'aurai aucune défense à part le contenu de ce livre. Je ne peux que demander à ceux qui se sentent obligés de participer à la campagne contre ce que l'on appelle inexactement "antisémitisme" de s'arrêter et de se demander s'ils sont vraiment mentalement libres ou s'ils sont presque inconsciemment dirigés vers des comportements voulus par des préceptes étrangers, imprégnés peut-être par des enseignements de l'Ancien Testament reçus dans leur jeunesse, et en tant qu'adulte par l'influence maçonnique, ou par des livres juifs.

Bibliographie des travaux soutenant l'accusation de sang

Acta Sanctorum. C'est le travail des Bollandistes, qui étaient un groupe de jésuites qui se consacraient au rapport historique entre 1643 et 1883. Les volumes dans lesquels ils ont enregistré divers meurtres rituels par les juifs sont principalement ceux écrits au 20ème siècle.

Histoire Universelle de l'Église Catholique, par l'abbé Rohrbacher (Gaume et Frères, 1845).

Vies des Saints, par Alban Butler.

Dizionario Ecclesiastico, vol. 64-66 (Semenal Peo-scire, Venice, 1853-4).

Annales Ecclesiastici, ab 1198, p. 568, par O. Raynaldus, 1753.
   Ces deux traitent le cas de Saint-Simon de Trent.

Bulletin catholique, août 1916 (publié à Dublin, M. H. Gill & Sons).

Cahiers Romains, publication catholique à Rome, le 29 novembre 1913.

Acts and Monuments of the Church, par John Foxe, 1563.

A Short Demurrer to the Jews long discontinued Remitter into England, par William Prynne, 1656.

Les juifs devant l'Église et l'histoire, par le révérend père Constant.

Meine Antworten an die Rabbiner : Funf Briefe uber den Talmudismus und das Blut-Ritual der Juden, par August Rohling (1883), Canon de la cathédrale de Prague.

La France Juive, par Édouard Drumont. Peut être obtenu chez M. Petit 12, rue Laugier, Paris 17. 70 francs.

Le Juif, le Judaïsme et la Judaïsation des Peuples Chrétiens, de Gougenot des Mousseaux, Chevalier, 1886. L'ensemble du chapitre 6 est consacré aux meurtres rituels.

Meurtre rituel juif – Arnold S. Leese

Les mystères du sang chez les juifs de tous les temps, par Henri Desportes 1889 (Savine).

Le crime rituel chez les juifs, par A. Monniot, 1914. Peut être obtenu chez M. Petit, 12, rue Laugier, Paris 17. 10 francs. Un excellent guide général sur l'ensemble du sujet, avec préface d'Édouard Drumont. C'est Drumont qui a exposé les scandales juifs panaméens.

Der Ritual Mord bei den Juden, par Eugen Brandt.

Ritual Morde, par Ottokar Stauf von der March (Hammer Verlag).

Judische Moral und Blut Mysterium, par A. Fern, 1927.

Der Ritual Mord, de G. Utikal. Ce livre est recommandé par le Bureau du Reich pour la promotion de la littérature allemande comme "une véritable représentation nationale du meurtre rituel juif".

Das Blut in Judischen Schriftum, par le Dr Bischoff, 1929.

Der Stürmer, numéro spécial Meurtre Rituel, daté de mai 1934, Nuremberg. Le lecteur ne devrait pas être partial quant à la campagne juive de haine contre le rédacteur en chef de *Der Stürmer*. Le numéro sur le meurtre rituel est un dossier historique précieux.

The Jew, the Gypsy, and El Islam, de Sir Richard Burton, édité par W. H. Wilkins (Hutchinson, 1898).

Isabella of Spain, par W. T. Walsh, 1931 (Sheed & Ward), pp. 125, 439-468 et 628.

Des références à d'autres autorités dans des cas particuliers de meurtres rituels sont faites dans le texte lors de la description de ces cas.

À la liste ci-dessus, il faudrait ajouter un travail récent destiné à dégager les juifs de l'Accusation de sang, mais qui, du moins à mon avis, semble l'appuyer. - *The Ritual Murder Libel and the Jew*, par C. Roth (Woburn Press, 1935).

www.ingramcontent.com/pod-product-compliance
Lightning Source LLC
LaVergne TN
LVHW091602060526
838200LV00036B/962